宮中五十年

坊城俊良

講談社学術文庫

昭和32年から41年まで伊勢神宮の大宮司を務めた
著者の装束姿。写真提供・神宮司庁

明治宮殿の外観。御座所（上）には表御座所が、常御殿（下）には奥御座所や御寝の間などがある

明治宮殿の内部。常御殿の奥御座所（上）と、皇后常御殿の皇后宮御座所（下）。宮内庁蔵『明治宮殿アルバム』より

〔凡　例〕

一、本書は、坊城俊良著『宮中五十年』（一九六〇年、明徳出版社刊）を原本とし、文庫化したものである。

一、本文中に、編集部による注記を〔　〕で括って挿入した。

一、読みやすさを考慮して、漢字表記や送りがなを一部改め、句読点を補ったほか、読みにくい漢字には適宜ふりがなを付した。

一、原本の明白な誤記・誤植は訂正した。

一、三―五頁の写真五点は、文庫化にあたって新たに掲載したものである。

序

貞明皇后が御存命で、坊城俊良氏が皇太后宮大夫としてお仕へして居られた頃のことである。私は折々青山の大宮御所に参上して皇后に拝謁した後、御前を退いて大夫室――といっても戦争直後のそれは実にお粗末なものであったが――に立寄り、いろいろ質問しては坊城さんの話をきいたものである。

最初にきいたと記憶するのは鷹狩りの話であった。私は実に面白く思ひ、知り合ひの文芸春秋の記者T君にすゝめて、一度坊城さんの話をきいて御覧なさい、よかったら雑誌にのせて見ては如何ですか、といった。これはその通り行はれた。

しかし私が一番熱心にくり返し質問したのは、坊城さんが少年としてお仕へした明治天皇御日常のことであった。天皇の御前で椅子にかけてお話をするのは有栖川威仁親王と伊藤博文のみであったこと（今度この本によると山県有朋も同様であったらしい）、乃木大将の如きも御前から退下して来ると、汗ビッショリとなってゐたこと、徳大寺侍従長と廊下で長く立ち話しされたこと、その他その他を私は無限の興味を以て聴いた。西洋に、小姓にとっては英雄はないといふ意味の言葉があるさうだが、坊城氏は正に偉大なる帝王に仕へたそのお小姓であり、天皇崩御のそのときにも御身近かに控へてゐたのであった。そのやうな少年の目に映じた天皇はどのやうなお方であつたかは、何よりも人々のきかんと欲するところであるに違ひない。

私は当時坊城氏に是非メモワールをお残しなさいと幾度となくすすめたが（外にも多くの人がすゝめたに違ひないが）、坊城氏はなかなかお御輿をあげなかった。幾年かの後、このたびこの本の出版をみるのは、私としては特別の喜びである。

私が前年直接坊城氏からきいたのは明治天皇の御日常であったが本書には更に著者が同じくお仕へした昭憲皇太后、大正天皇、秩父宮、さうして著者がその奉仕の最も重い責任を帯びた貞明皇后の御上が語られてゐる。そこに記されてゐることは何《いず》れも私には初耳で、私は尽くることなき感興を以て本書のゲラ刷を読んだ。殊に貞明皇后が御幼少のとき御養育の幾年かを過ごされた東京都下高円寺附近の農家大河原家をお尋ねになる条下には心を動かされた。抑《そもそ》も皇后は九条公爵家の第四息女として生れられたが、御誕生後間もなくから五歳の年まで、右の農家でお育ちになったことは吾々も知ってゐた。その農家の子供らと一緒に成長したその少女がやがて皇太子妃となり、皇后となり、皇太后となられた後にも、その家のことを御忘れなく、或る行啓の途《みち》すがら「よかったら久しぶりに大河原家に立ち寄ってみたい」と申されて立ち寄られ、往時を偲び「この廊下ではよく遊んだ」、この乙女椿は「自分が植えた木だがもう知っている人はない」等漏らされたといふ。私は詩を読むやうな感じでこの一節を読んだ。

貞明皇后はさういふお方であった。私などは僅に数回御目にかかったに過ぎないが、それでも何時も御前に出ると、ツイ長座になり、三十分の予定が一時間、一時間の予定が二時間といふ風になり勝ちであった。その御平生はよく坊城氏の御追憶に窺はれる。

本書を読んで私と同じ感慨を催す人の必ず少くないことを信じ、ここに一つの貴重な記録ののこされたことを読者諸氏と共に喜びたい。

昭和三十五年五月十五日

小泉信三

自序

明治三十五年、侍従職出仕として明治天皇にお仕えしたのは、私が数え年十歳のときである。爾来五十年、昭和二十六年五月十七日貞明皇后が崩御あそばされたその日まで、側近としての私の生活は続いた。かえりみて、感なきを得ない。

この半世紀は、日本および日本人を、根柢からゆさぶりつくした歳月であった。この間、至尊とお呼びしていた方がたが、いかに深い憂いといつくしみの御こころをもって、国のあゆみ、あるいは国民の歩みを見守っておられたか、それは存外知られていないのではあるまいか。

だから出来れば、日常つぶさに拝し得た、その仁愛に満ちた憂愁の御こころを、私はここに語りたいのである。それを語ることは、今や、私のつとめとさえ思われるから。

明治天皇、昭憲皇太后、大正天皇、貞明皇后、そして秩父宮、本書では主としてこの方がたについて語った。ただ、もどかしく思うのは、力の及ばないため、御こころの一端すら、お伝えできないのではないかということである。読者の賢察にまつところ、切なるもののある所以である。

昭和三十五年五月五日

坊城俊良

目次

平民的な大正天皇

「山の宮様」の思い出

終戦後の貞明皇后

宮中五十年

明治天皇に近侍して

大きなお声の陛下

十歳で側近に出仕

私は明治二十六年の生れで、数え年十歳の時、明治三十五年、学習院在学中のままお召し出しをうけた。その頃、公卿の子弟四、五人が陛下（明治天皇）のお側に奉仕するならわしで、その時の先輩には石山、長谷などがいた。あまり古いことで他は記憶にない。

侍従職出仕《じじゅうしょく》という役目で、奥の陛下の御座所わき、廊下のところに机があってそこが私たちの控所、この奥御殿には大人たちは出入禁止となっていて、私たちがこの奥と表の取次、連絡の役目をした。

朝八時に出勤すると、毎日一時間ほど漢文と英語を一日おきに教えられた。先生は漢文が元田永孚《もとだながざね》先生の門下で北村信篤《きたむらのぶあつ》という人（のち内大臣秘書官をした）、英語は原忠道さんだった。原さんは今も健在である。学習院の初等科には一日おきに通った。

ご返事も大声で

私が上った頃の明治天皇は、御年五十歳頃で、非常にお元気のようであった。あのおひげも真黒で、おからだも大きく、堂々としておられた。子供としてのはじめの印象は、こわい方であった。御用の時は、大きな声で私たちの姓をお呼びになる。名はお呼びにならなかった。私たちも大きな声で〝ハイッ〟と御返事して御用を承った。午前十時半頃には表の御学問所にお出ましになる。私たちもお供してゆく。拝謁《はいえつ》などがある間は廊下に出て、お側にはいなかった。

十二時半頃になると、奥にお入りになり御昼食、私たちはそのまま表で〝十弁〟といっていた十銭弁当を食べた。大膳職《だいぜんしき》出入の魚清からのもので、御飯に魚一切と漬物がついいた。

午後はずっと奥に詰めて御用を勤め、表から用事があるとベルで知らしてくるのをとりに行った。こうして夕方の四時すぎ、五時頃になると、陛下から〝帰ってよろしい〟というお言葉があり、お菓子の包みをいただいて退出した。これが大体の日課であった。

厳格な反面優しい思いやり

子供心に仰ぎみた明治天皇は、非常に厳格かつきちょう面な方で、一度言いつけられたことは二度とは言われず、聞き返すことはいけないことだった。そのかわり大きなお声で、ハッキリお言いつけになった。あいまいなことがお嫌いであった。

その反面、とても思いやり深く小さなことにお気づきになった。私がその頃からだが弱く、痩せていたのをお気にかけられて、折にふれてはいろいろ御馳走をいただいたものである。新宿御苑でできた馬鈴薯などもしばしばいただいた。

きちょう面な御性格の現れとして、御座所におかけになる掛軸や刀剣など、多数の目録をはじめ、書籍・書類の目録も大きなものを身辺に備えられ、ちゃんと御記憶されていて、どこそこにこれこれがあるから持って来いとお言いつけになった。事実その通り一度も間違いはなかった。二重橋の傍にある二重櫓の中に何があるかも、ちゃんと陛下には判っていた。

反古紙にお歌を

明治天皇の御質素であられたことは、昔から語り伝えられているが、事実は伝説以上であった。その頃宮内省の方は電灯であったが、御殿はローソクを使用されていた。その油煙で障子は真っ黒にすすけていたが、年に一回しか張り替えられず、破れたところは切り張りで済まされた。

また上奏の文書は袋にいれられて来るが、その袋を必ず保存されていて、これを切り開き、その裏表両面をお歌の下書き用紙に用いられた。片面に書かれたあと、その反面をお使いになるために、乾かしていられるのをしばしばお見受けした。しかもこういうことは全部人手を借らず、御自分でなされるのであった。

御使用の筆も、穂先がちびし、墨も永らく御使用になって、小さくなったのを捨てずに使っておられた。墨をお磨りになるのも御自分で、決して人手を借りられなかった。硯箱《すずりばこ》も九州のどこかでできたという竹製の大きなのを使っておられた。このような徹底した御質素は、維新前後からの御苦労がよくよく身にしみておられたためであろうが、後年国威さかんになっても、いささかもお変りにならなかった。

写真と電気は大嫌い

明治天皇の、御祖先を大切にされたこと、敬神の御念慮篤かったことも、語り伝えられているが、数々の御製《ぎょせい》にもある通り、まことに深くかつ厳粛なものがあった。こういうことも、おいおい事実にふれて話しておきたいと思う。

お変りになっている点もないではない。それは、写真がお嫌いであったことと、電灯をお好みにならなかったことである。写真嫌いは吉田〔茂〕元首相も有名だが、陛下の場合は別段その理由は仰せられなかった。とにかく写真に撮影されることを嫌がられた。世上に流布されていた御尊影は、あれは画家が謹写したものであった。

全国の新聞を丁寧にご覧

巷間には、新聞のお眼にかけたくない記事は切り抜いたものを差しあげた、などと伝えられているが、そういうことは全く誤伝である。官報はもとより、東京の五大紙から全国の主なる新聞、福岡日日などもその中にあったが、このほか外国のロンドンニュースとかフランスの新聞なども、全然切り抜きなどせず、そのままお手元に差しあげられた。物を大切になさるしきたりから、これらの新聞も丁寧に保存され一ヵ月ごとに製本させられた。

これをその頃の図書寮《ずしょりょう》（今の書陵部）に下げて保管させられたので、おそらく今でも第一号から保存されていると思う。

肋骨の軍服を終生ご愛用

日露戦争後、陸軍の服制が改正になり、カーキ色になったが、明治天皇はズッと旧式の肋骨つきの軍服〔前面に横向きの飾り紐が複数本ついた軍服〕でおすごしになった。

大演習御統監の時は、軍制にしたがってカーキ色を召されたが、平常表の御学問所に出られる時には旧式軍服、奥ではフロックコートを着用され、おくつろぎの時には白羽二重の着物を召されるならわしであった。

陸軍では肋骨は廃止したかったらしいが、陛下が、〝廃止までしなくとも〟と仰せられるので困っているという話を聞いた。これは単に肋骨がお好きだったということでなく、古い物を捨て難く思召《おぼしめ》される愛着とやはり物を大切にされるお気持であったと思う。

使えるものは修理せよ

今は見ないが、昔あった深ゴムの靴、実用本位の便利一方のものを愛用されていた。古くなると、今の短靴では紐を組み合せる個所のゴムが伸びて、ゆるくなって履けなくなる。それを陛下は〝修理して来い〟とお命じになる。ところが、侍従の方では新しい靴を差しあげてあるのだから、修理に出すのは困るという。しかし、陛下のお言葉だから侍従も閉口し、私から大塚という靴屋に頼んで修理させて差しあげたこともあった。

また、そのころお庭に鉄製ひょうたん型の吊り灯籠があったが、雨さらし陽さらしのために、だんだん腐蝕して来た。クイなどはおいいつけによって、私たちでしばしばとり替えたが、そのうちに火ぶくろのところまで悪くなった。陛下はこれも修理せよといわれるが、侍従の方では、修理して新しい部分と古い部分ができては体裁もよくないし、費用も却って高くつく、だから新しいのととり替えたいと申し出たが、陛下は〝そのことはよく分っている、修理して使えば使えるものは修理せよ〟とあくまで修理をさせられた。

奏上には何時間でもご起立

日露戦争頃から、表のおつとめは非常に忙しくなり、それがのちまでズッと続いた。それ以前は表へは午前中だけお出ましだったが、以後は午後も出御《しゅつぎょ》になり、特別拝謁などがあれば夜間でももちろん出られた。日曜日にもそうだった。ずいぶん遅くなることがあって、燭台を持って行くこともしばしばであった。

拝謁奏上の時は、終始起立しておうけになった。軍の特命検閲使奏上などは、管下の事項を書類によって詳細御説明するため、一時間半もかかるのだが、終始起立しておられた。いろいろ御下問もあったらしく、退出して来る将軍たちは、夏でもないとき、汗びっしょりになって、非常に緊張していた。ハンケチを出して汗をふいていた偉い将軍たちの顔は、今でも思い出されるほどである。

将軍といえば、乃木《のぎ》〔希典《まれすけ》〕大将は実に謹厳な人で、拝謁の時など明治天皇と同じ肋骨の軍服で出て来られた。

拝謁の時は、皇族の方でも起立しておられたが、例外として椅子を与えられたのは有栖川《ありすがわ》〔宮《のみや》〕威仁《たけひと》親王と、臣下では伊藤博文《いとうひろぶみ》、山県有朋《やまがたありとも》公であった。この時だけはお互いに椅子にかけてのお話であった。その頃の侍従長は徳大寺さん（実則《さねつね》）であったが、終始交迭もなく非常に永くお勤めになっただけあって、表と奥の境のお廊下のところで気軽に立話をされていることもあった。

避暑避寒は生涯ご遠慮

御生涯を通じて、避暑避寒などお願いする向きがあってもお聴き許しにならず、ついに一度もお出かけにならなかった。後年は皇室の財政も豊かだったが、やはり差し控えられた。昭憲皇太后は御病弱だったので、沼津や葉山の御用邸にお出かけになったが、御自身は、健康だからその要なしと、お出でにならなかった。

それは、御質素・御経済のお考えばかりでなく、お出かけになった場合の、官吏や一般国民の迷惑、大騒ぎさせることの無駄を、気の毒がっておられたのであった。

陸軍の大演習、海軍の観艦式・進水式、または学校などには公務としてお出かけになった。一度大阪の内国勧業博覧会に御奨励のためお出かけになり、お留守になったことがあったが、その他には全くお出かけにならなかった。

石板や鉛筆で御用を書き取る

その頃は、私たちに御用をおいいつけになると、奥の時は石板に書きとり、表の場合はサイドテーブルの上で鉛筆で筆記した上、墨で清書して御覧にいれてそれぞれおいいつけ通り侍従に渡したが、一日に一度ぐらいは筆記に三十分もかかるおいいつけがあった。中に私たちでは筆記困難な言葉や知らない字があると、懇《ねんご》ろにお教えになった。そういう時は、まことにお優しく、子供心にますます慕わしくなったものである。

さきに、電気がお嫌いだったといったが、その理由は、その頃の電灯はまだ不完全で、しばしば漏電火事などが新聞にも出ていたため、危うきを用いず、警戒された結果であると聞いている。写真がお嫌いだった理由は、ついに私たちには分らなかった。真夏、はじめて扇風器をさしあげるとき、電線が奥にないため、蓄電池を遠い所において廻したが、鉄道の人が来てとりつけた。それでも廻って便利なものだと好評だったが、電灯はやはり奥においれにならずじまいであった。

質実剛健な宮中生活

側近にも乗馬をご奨励

明治天皇は乗馬が非常にお好きであった。私がお側に上った頃は、御自身でお乗りになることはなかったが、乗馬は三、四十頭もいた。それ以前はよほど御熱心であったとみえて、その名前も全部ご存じであったし、またそれぞれの馬の能力や性質までも知っておられた。

ときどき、侍従や主馬寮《しゆめりよう》の技師たちへ、今日は乗馬をやれ、とおいいつけになったが、その時は、ちゃんと誰はどの馬にと御指定になった。乗り手と乗馬の適性を御記憶によって組み合せておられたわけである。乗馬がお好きであっただけに、馬を愛され、大切にされたことはもちろんで、これらの馬の中で病気にかかったものがあると、すぐお届けしなければならなかった。

シャツをいただいて鈍馬に乗せらる

私が十五歳のとき、はじめて馬に乗れといわれた。このことあるを予期して多少の心得は用意していたので、どんな馬を与えられるかと思ったら、一番おとなしい、あまり動かない、安全第一の〝鬼石〟という馬に乗れといわれた。名は強そうな〝鬼石〟だが、おとなしすぎて面白くない馬だ。この馬に半年ばかり乗せられた。子供だから安全第一という思召しであったらしい。その後にようやく、も少し鋭敏な馬に乗せられた。

はじめて乗馬をおいいつけになったとき、ネルのシャツの下着をお出しになって、これを直して着よと下げ渡しになった。別段、乗馬ズボンというものではなく、普通のシャツであったが、大きかったので直して着られるというお考えからであった。私は、有難くいただいて、縫い直して、ズッと乗馬のときに着用した。〔乗馬といえばハイカラな服装をする貴族趣味と思われがちだが、明治天皇の場合は全く違っていたのである。〕

侍従遠乗りで花便り

その頃、年に二、三回は側近の者に遠乗りをやらせられた。行先は小金井とか、芝又〔柴又〕の帝釈天、または市川の鴻の台〔国府台〕など、その季節々々にふさわしい場所をお示しになった。小田原や鎌倉あたりまでも出かけさせられることがあった。鎌倉は十六里ぐらいあるが、遠乗りの時は一休みもせずに、早朝に出発し引き返すならわしで、帰って来ると途中の有様や、行った先の風景、眼についた世情などを復命した。

桜の季節になると、侍従たちには一日おきぐらいに、東京市中心の名所々々に遠乗りをさせられ、その復命を聴いてお喜びになった。花の季節に、花とともにひらく太平の姿を、御自身御覧にならずに、侍従を通じてお喜びになるのであった。

また、その頃、谷中の方に朝顔を沢山つくっているところがあり、遠乗りを差し向けられて三、四十種も御註文になった。団子坂の菊人形や四ツ目の牡丹園などにも侍従たちの遠乗りを出されて、その復命をたのしみに聴かれた。

遠乗りで花を求めさせ、花の便りをお聴きになる——、まことに古武士的な質素の御風流だが、御自身が御覧のためにお出かけになることが、その頃では、大変なことであったために、御遠慮されたのでもあった。考えてみると、むしろお気の毒であったと思う。

遠乗りをお命じになる場合、東京市内、近郊の地理や消息にも通じておられたが、そのような知識をどうして得られたかは、私たちには分らなかった。新聞もよく御覧になられたが、陛下の御日常からして、私たちには不思議に思えた。

行幸は無蓋馬車で

陸軍士官学校の卒業式などには公式で行幸になったが、お天気がいいときは、出発の間際になって〝今日は天気がいいから馬車のホロを割るように〟と命じられるのがつねであった。あの頃の馬車のホロは、二つに割れるようになっていた。

こうして、無蓋《むがい》馬車で、沿道の市民に親しまれながら、親しく市内の有様を御覧になりながら、お出かけになるのが非常にお好きであった。あらかじめこのことを仰せ出されることはなく、いつも出発間際に〝ホロを割るように……〟と命じられたのも、深いお考えがあってのことであったと思う。万事、手数をかけず、御警衛の変更などもさせないよう、気軽に振舞われるのであった。

明治四十五年七月、帝国大学の卒業式（今の東京大学）に最後の行幸をされたときは、おからだの具合も弱っておられた。階段の昇降には軍刀を杖にして相当の御疲労の模様であった。

ご辛抱強いご性格

刀剣類もお好きで、数百本もあったが、ときどき私たちに命じておとり寄せになり、一人で御覧になっていた。軍刀に仕込んで愛用されるのもあった。四十二、三年以後の御晩年には、御病気（糖尿病）のこともあってお菓子も甘くないものを召し上っていた。

御生涯を通じて、非常に御辛抱強く、質素に徹底しておられた。そのような御性格の一面として、医者がお嫌いで、よほどのことがないとお診せにならなかった。表の御学問所の公務では、どんな無理も黙って、長時間お勤めになり、そして奥向きのことでは万事質素本位であったということは、まことに深い大御心であったことはいうまでもないが、やはり御無理ではなかったかと思う。

その頃、日本にも自動車が来ていたが、明治天皇はついに一度もお用いにならず、お出かけの時は馬車だけであった。

日露戦争の前後

梅放りのお遊び

その頃、御所内にあった梅林の、梅の実がそろそろ色づく頃になると、毎年「梅放り」というお遊戯があった。両陛下お揃いでお出ましになり、日頃お側にお仕えしている者だけを集められて、全くの無礼講の催し、いうならば、今の家族的なリクリエーションであった。何かいわれがあるのか、いつの頃から始められたことかは知らないが、別段儀式的なものは何にもなく、今思い出しても、微笑まずにおれない、素朴で心あたたまる楽しい遊戯であった。

「梅放り」そのものは、まことに簡単、民間の「豆撒《ま》き」や「餅投げ」のようなもので、まずその年にできた梅の実を、残りなく収穫させられて、それを「フネ」と呼んでいた二人がかりで担ぐ大きさの容器に、何杯も山盛りに盛りあげ、お庭に面したお廊下にずらりと並べる。そしてお庭に待ち構えている一同に向ってバラバラと放り投げ、みんなが競争でそれを拾うのであるが、拾った梅の実は、拾っただけをご褒美としていただくというしきたりであった。「梅放り」そのものは、ただこれだけのことだが、その日の余興が実は呼び物なのである。

例年の季節になると、お上から何日に梅放りをやる。——と仰せ出される。すると、その日に参加する者は、女嬬《にょじゅ》たちをはじめ、それぞれ思い思いの隠し芸をご披露するために秘密に練習をはじめる。扮装に用うる衣裳なども用意して、一、二週間も前からその日を待ちわびる。村祭の若者たちが早くからお囃子の稽古などに余念がないのと同じように、みんな一生懸命であった。

その日、両陛下がお廊下にお出ましになると、まず余興から始まる。菅笠《すげがさ》に紅の襷《たすき》、赤い蹴出《けだ》しを見せて「雀百《すずめひやく》まで」や法界節《ほうかいぶし》を唄う者、三味線に合わせて踊る若い人もあれば、奇想天外の仮装行列も現われる。東西に分れてかけ声勇ましい綱引もある。時間にして二時間から三時間のことだが、両陛下は非常な御機嫌で、闊達な明治天皇は高声を立ててお笑いになり、しばしば拍手喝采される。みんなは、もとより一滴の酒も口にしていないのだが、陛下のお喜びのさまが心から嬉しく、酔ったようになって羽目をはずし、競うて熱演したものであった。そのあとで「梅放り」となるのだが、余興で佳境に入ってからのことなので、みんな元気いっぱい、老いも若きも、天真爛漫の童心にかえって梅の実を争った。

お上の思召しとしては、日頃お側に仕える者たちを、慰められ、親睦せしめられるためのお催しであったと思うが、お仕えする者たちの方では、陛下に喜んでいただくためにと一生懸命になった。ほんの素人の隠し芸、とりたてていうほどのものはなくても、その稽古は真剣そのものであった。この気持の盛りあがりが素朴な「梅放り」を、忘れられない楽しいものにしていたのである。

御座所の椽に盆提灯

毎年七月のお盆になると、御座所の椽側《えんがわ》に盆提灯《ぼんちょうちん》を何十もかけ連ねさせられた。提灯は方々からの献上物で、私も毎年献上した。三尺くらいのものをはじめ、いろいろな形のものに美しい絵が描いてある。それを上下二段にかけ並べ、十三日から三日間、毎日夕刻から灯をともさせられるのだが、十三日には両親が揃って健在な者が灯をいれる役を承り、十四日には片親の者が、そうして十五日には両親を失った者が最後の灯をともす。というしきたりになっていた。この三日間は毎晩、お上が御寝《ぎょしん》になるまで灯を絶やさず、その夜の灯ともし役が奉仕した。

電灯はお用いになっていない御座所の、夜に入っての静けさの中に、美しい提灯がかけ連ねてある有様は、美しくあわれであった。

お盆がすぎると、提灯は私たちにお下げ渡しになった。このお盆のしきたりは、大正時代までは残っていたと思う。貞明皇后さまはとくにお好きであったようだ。女官や侍従など、先帝時代からのしきたりをうけついできた者がいなくなるにつれて、こういう素朴な行事がだんだん廃れてゆくのは、寂しいことだ。

お庭の木を数えさせられる

お上は、ときどき、私たちにお庭の木を数えて来て報告せよとお命じになった。種類別に何の木が何本と御報告せねばならないので、子供にとっては大変である。その道の専門の人たちに教えをうけ、苦心惨澹して調査したものである。また日頃からも注意して見るようになり、いつの間にか、庭木の種類など覚えてしまった。

また、お庭の木に鴉《からす》が来ていると、追っ払って来いといわれた。そんな時はたいてい私たちお側の子供が退屈しているような時であった。ハイッとお答えして、元気に飛び出して行くと、ニコニコしておられた。お庭を駈けまわり、大声をあげて鴉を追うのは、とてもいい運動だった。

掃除を自らお指図

御座所の、陛下のお身のまわりに置いてある飾物や、棚のお掃除などは、たいがい一日おきにするのであったが、埃《ほこり》は羽箒《はぼうき》で叩き払うのに、陛下は平気でお指図をされた。お掃除の途中で拝謁があると、棚の飾物など下したままで、お会いになった。掛物のかけ替えなども、自らお指図になり、私たち子供にやらされた。高い脚立を足つぎにして、かけ替えたり、ゆがみを直したりさせられたが、子供心にも自然にそういうことの楽しさや、心改る思いが、泌みわたるようであった。ありのままの中に、いろいろのことを、教えられていたのである。

日露戦争の頃

日露戦争の頃、夜になると、御座所から小石川砲兵工廠《ほうへいこうしよう》のあたりに、天を焦す火光が見えた。工廠でやっている作業の火光が、夜空に反映しているのである。そういう時、陛下は侍従武官長や武官を呼んで、いろいろ説明をお聴きになられた。

大本営が宮中にあった頃、続々戦捷《せんしょう》の報告がある。方々陥落の知らせがあるごとに、提灯行列が宮城前にやって来ると、私たちに、お前たちは提灯をつけてあの行列に答えて来い、とお出しになった。

会議の時には、御学問所の中を取り払って議場にされた。私たちは、ローソクを持って行って卓上に並べて来るのだが、会議が済んで、出席者たちが退出したあと、陛下の御気色にはほとんど何の変化も見られなかった。

たまに、よほどお気にかかることがあったと見えて、何か独語しておられることもあった。そういう時は、しばらくすると、必ず侍従長をお呼びになり、御下問や御下命があった。当時は徳大寺侍従長であったが、御下命によって調べた結果の報告は、必ず巻紙に認めた文書で差し出された。巻紙も封筒も、特別のものではなく、ごくありふれたものが用いられていた。急ぎの時は即日、夕刻以後は翌朝に差し出されるのが通例であった。

ガーター勲章贈進式の陛下

日露戦後、英国からコンノート殿下〔ヴィクトリア女王の三男、アーサー王子〕が来朝され、明治天皇にガーター勲章を贈進される式があった。これには英国のしきたりで、定められた儀式があり、いろいろ心配した人たちもあったようだが、コンノート殿下は、日本側以上に緊張しておられたようだ。

ガーター勲章というのは、一般の勲章と違って、足に巻くもので、この時はコンノート殿下が、明治天皇の前に膝をつかれて、御自分で、天皇のおみ足に巻かれる儀式であった。儀式は正殿で行われたが、まえに話したように陛下は電灯がお嫌いで、奥の方にはまだとりつけられていなかったが、表宮殿には電灯があった。それでも、ちょうどコンノート殿下が着席されるあたりの上には電灯がついていなかったので、謁見の時にはシャンデリヤ式にローソクをつけ、また方々に五十本ばかりローソクが立てられた。コンノート殿下は変に思われたらしい。

いよいよ贈進式の時、大礼服に白ラシャのズボン、長靴の陛下は、お椅子にかけられて悠然としておられたが、一方の殿下は非常な緊張の面持で、膝をつかれて勲章を陛下のおみ足に巻かれるとき、ビジョウ〔尾錠〕で指先を怪我された。日露戦争直後の、大変に緊張した時代で、明治天皇に対する世界の畏敬が集っていた時のことであった。

雪の日のこと

雪の日には、お庭に富士山を作れといわれる。お庭の雪を集めて来て、富士山の形を作るのだが、はじめから六尺とか七尺とか高サを決めて作らせられる。いい加減ではもちろんいけない。目盛りをあててきちんとやらねばならない。近くの雪だけで足らぬ時は、方々の雪をモッコで担いで来て叩き固め、予定の高サにし、富士山らしき形に仕上げるのだが、二人ないし四人がかりで、一日かかった。手袋も使わぬ時代で、手が凍えた。午後からかかって暗くなってようやくでき上ることもあった。そんな時には、翌朝早く御覧になった。

でき上ると、お汁粉とかお雑煮など温い物が出された。そして大人たちには当時の金で酒肴料として一円五十銭が支給され、みんな大喜びで帰りにどこかで一杯やったらしい。明治も中期だから、一円五十銭で結構やれたのである。

今から考えると、こんな特別の場合のほか私たちには、ほとんど休むひまなく、つぎからつぎに御用事をいいつけられた。侍従などは楽だったが、侍従に御用の場合も直接は仰せられずたいがいなことは、私たちに取次をさせられた。これは、私たち子供に対する「しつけ」のお気持であったと思う。また、御所内のしきたりや、お勤めしている人たちのことも、早くよく覚えこませるための、お心づかいであったと思うのである。

宿直の夜、漢文や習字などの勉強をする時には、ローソク一本で読めるところまでやれ、といわれた。あまり永く起きていては、子供のためによくないというお心づかいであった。

天長節行幸の思い出

明治天皇お旺《さか》んの頃、日露戦争もすんで国威まさに旭日昇天、その時代の、菊薫る十一月三日天長節の日の感激の記憶は、今なお鮮やかに、きのうのことのように思われてならない。

この日、明治天皇は大礼服正装を召され、式場に行幸されるのであるが、所定の時間に「出御《しゅつぎょ》」を申しあげると、御座所からお出ましになり、鹵簿《ろぼ》に扈従《こしょう》される皇族方、文武官、側近の人々がお供して御車寄せまで随《つ》いてゆく。この間、陛下をはじめ随う人々の胸間を飾っている勲章の触れ合う音だけが、なんともいえぬ爽やかな、音楽的なリズムとなって聞える。絨氈《じゅうたん》の上をふむ人々の足音は聞えない。

御車寄せには、その時によって無蓋または有蓋馬車がお待ちしている。気をつけ、の号令とともに馭車《ぎょしゃ》が鞭を立てる、陛下がお乗りになる。ついで供奉《ぐぶ》諸員が乗って、先駆から出発、二重橋の鉄橋をお渡りになる頃、その向うに整列している近衛儀仗兵が君が代のラッパを吹奏する。それからは鹵簿は早足になって外へお出ましになる。それと同時に、沿道にお待ちしていた群衆の、万歳万歳の声が、奥まで聞えて来る。その声がだんだん遠のいて、やがて聞えなくなる――。

お帰りの時には「詿進」という役の人、主馬寮の技師が馬で御所にやって来る。綺麗に着飾って、スペイン歩調で、お玄関に来て、脱帽し「御詿進」と御帰還のことを知らせる。それから二、三分すると、はるかに、遠い潮騒のような、群衆の「万歳万歳」の声が聞え、だんだん大きくなって、終りには怒濤の打ち寄せるように、大きくなる。二重橋にお着きの頃には、再び君が代のラッパが聞え、やがてお馬車が見え、御車寄せに御着、陛下がお降りになると、式部長官、宮内大臣が前行し、親王、王の御順序で皇族方がお供されて赤絨氈の上を、お出ましの時と同様に、勲章のふれ合うリズミカルな音をさせながら、御学問所の前まで随行され、ここで御挨拶があって、お供の方々は解散されるのであった。

あの日の、ひきしまった雰囲気の中の勲章の音、そして潮騒のような、怒濤のような、万歳万歳の声……。子供心にも「盛代に生れ合せた喜び」がひしひしと胸に迫るのであった。正装に威儀を正された陛下の、一段と晴れやかな、輝く竜顔のおん美《うる》わしさ、私は今でも、ときどき思い出しては、恍惚となるのである。

大帝と宮中神事

明治天皇が、敬神の念ひとしお篤くあられたことは、御製その他でも広く世に知られているが、私はお側にお仕えした一人として、親しく拝した敬神御奉仕の有様をお話ししておきたいと思う。

新嘗祭には夜半までご奉仕

平素から神事への御奉仕はまことに厳重に、御下命になる場合も、かりそめにもおろそかに遊ばされるようなことは絶対になかった。賢所《かしこどころ》の御拝《ごはい》はしばしば行われたが、もっとも重い御祭儀の一つである新嘗祭《にいなめさい》の儀についてお話ししよう。

御儀の前日午後四時頃になると、御奥で御用を勤めている女官のうち、月のさわりのあるもの、忌服にあるものは全部お局に引き退ることになっていた。

そのため時には非常に人数が少くなって、御不自由な場合もあった。

お火鉢をはじめ火という火はことごとく新しい火にかえられる。お手もとの品々もとり替えられるものはすべて「お清」のものとかえられ、とり替えのできないものには、南天の七ツ葉でお祓《はらい》が行われた。常の日とは異り特に清らかに、静かに、その日の暮れるのが感じられた。

夕の儀にお出ましになる前、お湯に出御を奏上する。お湯後は、白羽二重の御衣に緋の御袴を召される。やがて剣璽《けんじ》の渡御《とぎょ》を奏上、天皇は出御口（御乗馬口）から御板輿《おんいた》ごし》に召され、賢所に向われる。駕輿丁《かよちょう》〔貴人の駕籠《かご》や輿《こし》をかつぐ人〕は京都の八瀬童子《やせのどうじ》であって、常時宮内省に勤務していた。その服装はよく覚えていないが、ワラジばきであった。一言ものはいわない。「シー」といっては御板輿をかきあげ、またおろすのである。侍従長以下側近の者は、手に手に十六菊花御紋の提灯を提げて供奉した。その厳かな光景は今も忘れられない。

このとき、奥から出御までの間は草履を召された。その草履とりの役目を勤めるのは私たち出仕のものであった。

御斎服にお召換え遊ばされるのは便殿《びんでん》である綾綺殿《りょうきでん》であった。夕の儀がすまされたのち一旦還御になり、更に暁の儀が終るのは午前一時すぎであった。このもっとも重い御儀式が行われる賢所の新嘉殿〔神嘉殿か〕の御模様は、全く拝せなかったが、後年式部官として庭上に参列、また掌典《しょうてん》次長として自ら御儀に奉仕し得たことは、まことに有難いことであった。

御常御殿に皇親の御霊を

明治の御代の御奥には、つぎのような行事が行われていた。

御常《おつね》御殿にある上段の間、すなわち剣璽の間のつぎに、唐櫃《からびつ》があり、古くよりの皇親の御霊位がお納めしてあった。年に二、三回だったと記憶するが、その御拝があった。天皇はフロックコートを召され、畳の上にお座りになり、両手をおつきになって、かなり長い間非常に御熱心な御拝をなされるのである。私どもは御拝の前後にお手水をさしあげ、御拝中はその場で平伏していた。

これは大正時代におとり止めとなり、御霊位は賢所にお納めになったと伺っている。

童話めいた素朴の行事も

十一月十八日には、〝御霊さんのお火たき〟という、素朴な童話のような行事があった。真鍮の鬼面大火鉢に焚きつけをいれ、万端の用意がととのうと、陛下のお出ましを願った。その時もフロックコートを召され、お手水ののち、陛下が御平伏になると、火鉢の中の焚きつけに火がつけられ、それが盛んに燃え上った。

やがて陛下がお顔をおあげになると、その火の中に蜜柑と饅頭をいれて焼く。食べ頃になったものはとり出し、あとからあとからいれる。焚きつけもどしどしくべる。そうして火鉢を囲んだ私たちが、つぎのような歌を合唱した。

たけたけ、お火たきの――、お霊どんのお火たきの――、みかん、まんじゅう、ほしいやの――。

焼けた蜜柑や饅頭は、皆で頂戴した。陛下は再び手水をされて入御《じゅぎょ》になる。三十分ほどで終る行事であったが、これは厳粛の中にも和やかな、たのしい行事であった。

皇后さまと宮中神事

貞明皇后に私がお仕えするようになってからは、皇后の賢所の御拝《ごはい》はなかったが、女官から聞いた話はつぎの通りである。

御拝の折には前日から食事も御斎食をおとりになる。御髪のお清め御油つけの御準備も前の日からおはじめになる。

当日は早朝お目覚めになり、御髪のお手入れ後にお湯に召され、長かもじをおつけになる。御髪の道具その他当日御使用になるものはすべて「大清」といって、平素のものとは別である。また、お湯の直後、藻汐草《もしおぐさ》で七度半お清めのお祓いをされる。袿《うちき》袴《ばかま》を召され、お手水ののち、御板輿で賢所に向かわれる。賢所の便殿で小袿《こうちぎ》をおつけ遊ばされ、掌典長の御先導により御拝が行われた。皇太后におなりになってからは、大宮御所から自動車で行啓があったのである。しかし、私が存じあげていた御晩年には、賢所の御拝は全くなかった。それについて、こんな話を伺った。

自分も年をとったので、賢所で万一粗相でもあってはまことに畏れ多いし、英照《えいしよう》皇太后〔明治天皇の嫡母〕も御年六十をすぎられてからは御拝がなかったので、自分も見ならったのである。

英照皇太后が御拝をおとり止めになったのも、御同様のお心づかいからであったそうで、賢所の御拝をいかに重大に思召されていたかが拝察される。

御祭儀に御代拝を差し向けられている間は、皇后は御常御殿でおつつしみ遊ばされた。また、行啓さきで神社御参拝の場合、正式の時には、御宿泊所で必ず御潔斎遊ばされ、純白の御洋装でお手水、お祓の後玉串《たまぐし》を奉奠《ほうてん》された。玉串奉奠のないのは略式の場合である。

明治天皇のご趣味

小型の洋犬がお好き

馬のことでもいったように、大帝は非常に動物を可愛がられたが、特に犬がお好きであった。私がお傍に上った頃には、小さな洋犬を奥で飼っておられた。いつもお傍にいて大帝の寵愛をうけた果報な犬だったが、大体はおとなしいのに、私たちが御用でお傍に行って、退出しようとすると必ずワンワンほえ立てて、追っかけて来る。子供と思って犬の方から、からかっていたらしい。それが嫌なのでそおっと気づかれぬように出ようとしても、すぐ感づいて飛び出して来る。奥と表の間に大きな杉戸があったが、その杉戸をピシャリと閉めても足音が消えるまでワンワンほえていた。

しかし、足元へ飛んで来ても、嚙みつくようなことはしなかった。大帝は笑って見ていられたので、嚙みつく犬でないことは御承知であったようだが、私たち、奉仕の子供はこの犬がしゃくにさわって仕方がなかったのである。

犬と子供たちの逸話

明治三十六年だったと思うが大阪で第何回目かの、内国勧業博覧会があり、それに行幸啓があった。数日御駐在で私たちはお留守の間も御殿へ出たが、この犬もお留守番をしていた。

私たちは、平素この犬にいじめられているので、お留守の間に少しかたきをとってやろうというので、奥へ入ってゆくと、その時は尻尾を巻いてしまって、小さくなって恭順の意を表する。謝っているものをいじめもならず、止むを得ず頭を撫でてやって、この次からはほえるなよと妥協してしまうのだが、おそろしく利巧な犬だったので、陛下がお帰りになるとまた威張り出し、前よりも却ってほえ立てた。

その後に大演習などでお留守になるたびに、同じことをやってみるのだが、いつもお留守には妥協、お帰りになるとまた威張る——を繰り返していた。

この犬は、私よりも先輩で、十年ばかりもお傍にいて、のち老病で死んだ。そのあとにもやはり小型の犬をお飼いになったが、これは表で養って、お呼びになるときだけ連れて来た。たいがい午後三時頃にお呼びになるのだったが、ちゃんと覚えていて、その時間になると、廊下を飛んで行った。お傍の小さな座蒲団にちょこなんと座って、おとなしくしていたが、なかなか愛きょうものだった。夜は表へお帰しになった。

小鳥もお好きで白文鳥を飼っておられたが、犬ほどではなかったようだ。また、盆栽にも御趣味があり、奥にも、御学問所にも、一週間ぐらいでとり替えて、いろいろな盆栽が置かれてあった。

大声あげて琵琶歌を歌わる

夜の、おひまで御機嫌のいい時には、大きなお声で琵琶歌を歌っておられることがあった。お若い頃に西周一（記憶明確ならず）とかいう人に、お習いになったということで、声張りあげて堂々とお歌いになるのだが、決してお上手とは思えなかった。薩摩琵琶か、筑前琵琶かもわからなかった。

蓄音器もあったが、その頃の蠟管のラッパつき、きわめて旧式なのをズッと大切にして使用しておられた。吹き込んであるのは琵琶、詩吟、唱歌などで、いわゆる健全なものばかり、それでも喜んでときどきおかけになっていた。

暴風雨の夜雨戸を押さえる

大帝は、非常に重々しく、厳しく、かつ細心な面と、きわめてお気軽な、平民的な面をお持ちになっていた。暴風雨のときなど、奥御所の南向の戸・障子が今にも吹き飛びそうになって、弓のように反り返るようなこともあったが、私たち奉仕の子供を指揮して、あそこを閉めろ、ここを押さえろ、とおん自らいろいろ対策を施しになった。

もっともひどいあらしのときなど、子供では吹き飛ばされそうになるのだが、お前はその戸を押さえておれ——といわれ、一生懸命押さえていたこともあった。そういう場合の陛下は、ちっとも苦にされているのでなく、むしろ面白がっていられるようにお見受けした。

チョッキの下から真田紐

御趣味一般、今から考えると非常に御質素、かつ素朴なものを好まれて、古武士的であられたが、ときどき、お昼のお食事をお庭の小さな亭で召し上りになることがあった。亭といっても全く小さなものだったので、その時は丸太材などを持ち出して、張り出しを作る。私たちが素人作りで足場を持ち出し組み立てるのだが、陛下はフロックを着てお出ましになる。

そういうとき、お姿を外の明るいところで、しみじみ拝見すると、バンド（帯皮）代りの真田《さなだ》紐《ひも》が、チョッキの下から見えていることがあった。全く無雑作で無頓着であった。今と違って、バンドにもいいものがなかったからかも知れないが、真田紐でキュッと締めるのがお好きだったのである。

無頓着な御反面としては、その頃は背広などはなかったし、軍服かフロック、奥でおくつろぎのときは白羽二重という御習慣であった。お帽子はフロックのときは大体シルクハットをお用いになるが、ときどき、フロックコートの上に旧制の赤い帽帯のついた、上の高い軍帽を被られて平気でいられることがあった。

しかし、こういう無頓着な大まかさがあったからといって、決して小事に拘泥されず、というのではなく、事柄次第では非常に細かな点までお心遣いがあり、また、まことによくお気づきになられた。

大帝崩御の日

御座所にお仮床を

明治四十五年七月十九日は、私にとって生涯忘れ得ぬ日である。その日私は当直であった。明治天皇は毎夜十一時四十五分には御格子になるのが長い間の御習慣であったが、その日に限ってなんの仰せもない。不思議に思っていると何か大声で女官に命じておられる。常と異るので、妙に不安を感じ、御前に出た。
白羽二重のお召で立たれたままの天皇のお姿、あの、ほの暗い灯影に拝したお姿は、いまも眼底に残っている。やがて、女官たちによって御寝具が運び出され、御寝所ではなく、御座所の方にお仮床が設けられた。侍医がそうこう〔倉皇。あわてふためくさま〕に拝診にあがった。天皇は、高熱であられたのである。

御不例押して御座所に出御

考えてみると、その数日前から御不例であったらしい。奥から表の御座所に出御になる時、天皇は危うげなお足どりで、けだるそうにいくつかの階段を上下せられ、かつてお手を触れられたことのない、手すりがわりの紫の紐をお持ちになられるのであった。万一の場合を慮《おもんぱか》って、私がお側を離れられなかったほどである。また、お椅子にかけられたままうつらうつらと御嗜眠《しみん》遊ばされることもあった。それでも、御座所にはお出ましになっていたのである。

最後のお枕辺にご用を承る

御発病の翌日は早朝から、表の方は混雑をきわめた。御容態も刻々に発表されはじめた。しかし、お奥は実に静かで、時には天皇のお声も聞え、お枕辺に私をお呼びになることもいく度かあった。私は、いつものように石板を持ってお枕もとに伺候し、御用を筆記するのであったが、のちには、お言葉が途中で消えてしまうことがあった。いつまでも、つぎのお言葉を待っている私に〝もう下ってもよろしいから〟といって下さったのは皇后（昭憲皇太后）さまであった。勝手に下ることは許されないことであったからである。

ご重患の報

天皇御重患の報一ト度び発せらるるや、全国民は非常な衝撃をうけた。今日の世相からすれば、全く想像を絶したものがあったように思う。東京府下の各小学校では毎朝全生徒に、御容態を知らせ、当局から別段の通達もなかったはずだが、小学生までが御平癒を心から祈念し、謹慎祈願する有様であった。

その他の、国民一般の憂慮心痛は当時新聞にも伝えられた通り、国をあげての憂いであった。

はじめの間は、私などはまだ年少だったせいか、何の不安も持っていなかったが、日が経つにつれて、人々の面上に、覆い難き憂色を見るようになった。

七月三十日ついにご急変

そしてついに、七月三十日、午前零時すぎ、御容態の急変が伝えられた。お仮床のおつぎの間に、あるいは御廊下に、私たちはぬかずいた。岡侍医頭は、御崩御を拝しとどけると、静かに皇后様の御前に頭を下げ、低い声で崩御を言上した。ローソクの灯影が、小暗くまたたいた。

ほど経て皇后から、私どもに対してお言葉があったが、内容は記憶していない。この時はじめて、そこかしこから、すすり泣きの声が漏れた。誰あって、口を聞くものはなかった。やがて東の空が白々とあけそめ、都会の雑音が幽《かす》かに聞えて来た。

私は悲しみの極、涙し得ず、ただ自分の番が来たとき黙って最後のお別れをした。

悲嘆の国民二重橋前を埋む

かくするうちに、新帝大正天皇の御践祚《せんそ》の式が行われる。勲章その他を持って、お召替の場所に行けと命ぜられ、私は立ち上らねばならなかった。新帝のお召替のお手伝いをし、そのままお供して長いお廊下を表へと歩いたが、この道は、それまで先帝のお供をして毎日のように歩いた同じお廊下なのである。筆舌につくし難い気持であった。

その頃、二重橋前は、悲嘆にくれた数多《あまた》の国民の土下座姿で埋っていた。天も地も、悲しみに閉ざされたような、真ッ暗な気持であった。

天皇を追慕してやまざる国民の悲しみは、種々の形となって現れた。一部には侍医寮の責任を激しく問う人たちもあった。かつて明治の文豪漱石が「心」に書いた通り、輝かしい「明治の精神」は、天皇の崩御とともに終ったのである。

世は諒闇《りょうあん》となり、全国民は喪に服した。諸官庁は黒の罫紙を用い、印肉の色まで黒と変った。そうして大喪使《たいそうし》の官制が発布されたのである。

昭憲皇太后のこと

明治天皇と昭憲皇太后

明治天皇が崩御になられると、ただちに大正天皇が御践祚になられた。形の上でも、それまで陸軍中将の御軍服であられたのが、大元帥の御軍服に変られる。悲しみのうちにも厳粛の御儀である。また、皇后様は皇太后となられ、御位置がすっかり変られる。私はまたすぐに大正天皇のお附となったのである。

両陛下席の譲り合い

大正天皇は、御践祚ののち奥に成らせられ、明治天皇の御尊骸を恭《うやうや》しく御拝あらせられ、皇太后様に御挨拶をなさるのであるが、この時、皇太后は、御挨拶をおうけになる位置を、大正天皇の下位にお出ましになられた。ところが、大正天皇は、皇太后様に上位におつき願いたいと申され、皇太后様は〝このままで御挨拶を……〟と申され、お譲り合いがしばらく続き、その場に居合わした二、三の女官たちは、この美わしくも悲しい情景にうたれ、皇太后様の御心中を拝察して泣いてしまう有様であった。

大正天皇にお訓し

この時、皇太后は、静かにお言葉を改められ、大正天皇に〝今は一天万乗の御位におつきになられたのでありますから、上座にお着きにならなければいけません〟と、お優しき中にも威儀を正してお訓《さと》しになられた。母后に対して、あくまで親子の礼をつくそうとされた大正天皇も、静かに一礼して、しぶしぶ上座に直らせられ、御践祚の御挨拶を申しのべられた。

これは、全く奥向の、御内輪のことではあるが、昭憲皇太后の、いかなる場合にもおとり乱しなどなく、冷静、聡明、国体の本義、天皇の御位置の大切な事理（ことわり）を明白に遊ばされた御逸事として、特に記憶しているところである。この時の光景は今もなお眼前にほうふつとし、思い出すだに感涙禁じ得ないものがある。

× × ×

私は、明治天皇の側近にお仕えし、また、昭憲皇太后崩御の時は、大正天皇に奉仕していたため、昭憲皇太后のことはあまり詳しくは記憶していないので親しく拝見したことだけにとどめたい。

天皇入御の都度にお出迎え

昭憲皇太后（当時皇后）の御座所は、聖上の御座所とは別棟であって、長い廊下でつながっていた。聖上は毎日午前十時三十分には表の御学問所に御出ましになり、お昼には十二時半に奥へ入御、そして午後はまた三時半から五時まで表へ出御になられるならわしであった。

聖上が奥へ入御になるとき、午前のときでも午後のときでも、皇后は奥の御椽座敷にお出ましになり、お出迎え遊ばされた。皇后が聖上の御座所へお出になるときは、おつぎの間の、小屏風で囲まれたところに、お座蒲団があって、いつもそこにお出になるのであった。

座談の大帝・聞役の皇后

お食事は、昼も晩もいつも御一緒に召し上られたが、明治天皇はなかなか座談がお上手であり、現在のこと、あるいは過去の思い出など、面白くお話になり、よく皆を笑わせられることがつねであった。お声も大きく、御間一つ隔ててもよく聴きとれるほどであった。お話の材料も非常に豊富で、皇后様はいつもよきお話相手、聞き上手であられたようだ。

私どもは、朝の出勤と晩の退出の時は、必ず聖上と皇后様のところへ御挨拶に行き、お辞儀をする、朝は皇后様の御殿の方へ参ることになっていた。その時刻にはお召替もすみ御座所のことが多かったが、たまにはお化粧の部屋のこともあった。そして退出するときには、必ずいたわりのお言葉があった。私どものような、子供に対してもつねに有難い御心配りであった。

桐の間での外人拝謁

宮中での、外国人の拝謁には表宮殿の桐の間を使用され、皇后様お付の香川志保子が御通訳を申しあげていた。拝謁はたびたびあったが、外人に対する応接も堂にいっておられ拝謁が終ってのち、これらの外人たちは非常な感銘にうたれて、いろいろ感激的な感想を漏らしていたと聞いている。

このことは、なんでもないようであって、そうではなく、明治時代の、まだ外国との交際が今日ほど繁からず、一般の生活様式も今ほど交流していない時代のことであるのだから、天成の御婦徳に加えて、非常な御努力があったものと拝察しなければならない。

優しい皇后様と少年たち

昭憲皇太后は、御承知のように、おからだはあまりお強くなかったので、寒い時には葉山御用邸または沼津御用邸に、避寒御滞在されることになっていた。その御滞在中に一度は必ず御機嫌伺いに参上したものであった。

御用邸参上のうれしさ

その頃、子供のこととて、御用邸の皇后様のところへ、御機嫌伺いに行くことは大変な楽しみで、その前夜などはうれしくて気が浮き立って、眠られないほどであった。修学旅行の前夜ぐらいではなかった。その当時の気持を考えてみると、御用邸に行くことのもの珍らしさも子供心にあったと思うが、やはりお優しく、お慕わしい皇后様にお目にかかれることが、すなおにうれしかったのである。

御用邸につくと、すぐ奥へ行って、子供ながら携えたお土産品を献上した。お土産はたいがい人形とか、投扇、またはそのときどきに珍らしい品物を選んで持参し献上した。皇后様は、このような子供たちの献上品を、大変喜んでおうけになられた。

一日の思い出を文章にして提出

御用邸では、食事のあと、女官たちと一緒に、皇后様もお相手になられてゲームやお庭の遊びがあった。室内では、玉突きや歌留多、投扇などのにぎやかなゲームがあり、たまにはお庭のお散歩にお供をし、季節には松露などをとって一日を楽しく遊ばしていただいた。今日の言葉でいうならば、私たち子供たちのためのリクリェーションであった。

歌留多は源平に分れて勝敗を争うこともあれば、一人々々で競技することもあった。皇后様は子供たちのお相手をされて、やさしくいたわられ、御機嫌伺いというよりも遊ばしていただくために参上したようなものであった。

おやつは御前でいただいた。どんなときも固くならず、のびのびとしていられた。まるで肉親の叔母様を訪ねて、甘やかされているような気やすさたのしさであった。

私たちが、その日を無上の楽しみにしたのも当然であったと思う。

帰りの時間の許す限り、面白く楽しくすごさしていただき、いよいよ帰りの時刻が来ると子供心に淋しくなった。時間の経つのがうらめしかった。帰りにはお心づくしのお土産をいただき、一々御前で拝見してお礼を申しあげるならわしであった。

東京に帰ってから、その日一日のことを詳しく書いて御用邸にお送りし、皇后様の御覧にいれた。みな、張りきって、頭をひねって一生懸命書いたものである。

年末には学力試験

御用邸から交替で女官が宮中に帰って来るとき、私たちから差し出した御機嫌伺いの日の綴方《つづりかた》について、皇后様からの御批評を、一人々々について伝達があった。御批評はたいてい良く書けているとか、大変良かったとかのおほめの言葉であったが、皇后様のおつもりでは、子供たちのありのままの気持を御承知になりたいという有難い思召しであったのである。

しかし、皇后様は、決して子供たちをただ甘やかして、お可愛がりになるのではなかった。

その頃、私たちは宮中で、この話の冒頭で話したように、英語、漢文の学習をうけていたが、これは宮中勤めのため正規に登校できない私たちへの、両陛下の思召しとしての御教育であった。宮中での、いわば補充学習であったが、皇后様はこれを大変重く見られていた。年末になると皇后様の仰せで、学力試験があった。

それも、決して内輪のいい加減なものではなく、学校のように大勢の人の前で、厳格にやらされた。全力をつくしてやらずにはおれなかった。その年中に学んだ課題の中から、侍従が選んで課題を出すのであったが、このために平素から油断なく勉強していなければ恥をかく。自然宮中勤めのかたわらでも、みな勉強には精を出した。

この試験が終ると、皇后様から御奨励の思召しで、本をいただいてホッとするのであった。

「金剛石も磨かずば――」という女子教育のお歌を御下賜になった昭憲皇太后様は、このような、理想的な、おやさしくかつ細心、厳格な教育熱心者であらせられた。宮中奉仕者としてお勤めしているだけの私たちにも、このような深い教育的・母性的関心でお導きいただいた。私たちは全くしあわせ者であった。

御婦徳しのぶ敬慕の碑

煙草がお好き

こういうことを申しあげるのは、如何かとも思うが、昭憲皇太后様は、大変煙草がお好きであられたようだ。

今と違って紙巻などを召し上るのではなく、煙管《きせる》に刻み煙草をつめて、召し上っていられた。それも、富豪や金持などのように、黄金のきせるなどというぜいたくなものではなく、下々の、ありふれた銀のきせるをお用いになっていられた。しかし、その御嗜好はなかなかお詳しく、つねに二本のきせるをお用いになり、かわるがわるつめて、ゆっくり召し上るという特別の方法で、きせるが熱して煙草の味が変るのをきらっていられた。

御自身のお好みからの、御研究の結果だろうと思うが、今から考えると、ぜいたくはなさらずに本当の味わいを大切にされたわけで、煙草のことといいながら、たしなみ深い、いかにも昭憲皇太后様らしい召し上り方であったと思う。

皇后様といえば、さだめしお煙草一つ召し上るにも、女官などの人手を使われたと思われるであろうが、決してそうではなかった。御自身で適当なだけつめては、静かに召し上るだけであった。

皇太子殿下は週一回ご参向

さきにも申しあげたように、昭憲皇太后はおからだがお強くなかったので、多くは御用邸住いであられたが、皇太子殿下は毎週一度は必ず皇太后の許へ御参向になった。たまには妃殿下御同道の時もあり、内親王方もときどきお伺いになられた。その時の御様子は、私は拝することができなかった。それは、ずっと聖上の方にお勤めしていたからである。

明治天皇御発病以来の御看病

明治天皇が御発病になられてのちは、昼夜をわかたずお枕辺にお出ましになり、全くつききりで、一生懸命御看護におつとめになった。御自身お弱いおからだであられたので、はたの者が御心配申しあげたほど、涙ぐましい御看病ぶりであった。いろいろなお指図も、てきぱきと健気になさっていた。

明治大帝のところで申しあげたように、御発病後、はじめの間は、何彼と御用を思い出され、私をお呼びになることがしばしばであった。平素御用を承る時は、大戸のところで私の姓をお呼びになり、御用によっては石板を持って来いといわれ、仰せになる事柄を石板に書きとめ、それを自分の席に持ち帰って、けい紙に清書してから、表に出すのであった。

それが、御容態重くなられるにつれて、お言葉がはっきりしなくなり、聞きとり難くなって来て、心中の悲しさとともに進退処置に窮し、ぼう然となっていると、必ず皇后様が〝お上は御病気のため判らなくなっていられるのだから、心配しなくともよろしい。またお呼びになるまで下っていたらよい〟と、優しく、落ちついて、その場をとりなされるのであった。有難くも、悲しさがせきあげて、頭を上げ得ずに、引き退るのであった。

ご危篤の報を寝巻に袴で言上

淑徳一世の範と仰慕されたこの昭憲皇太后も、大正三年四月十一日、沼津御用邸でついに崩御になられた。

その悲しい当日、私は奇しくも宿直で、宮中に居残っていたのである。前から御容態よろしからずとは承っていたし、また刻々伝えられる御容態書も悪い一方ではあったが、まさかに崩御になるとは思わず、また私が宿直の当夜、そのような大変があろうとは、思いも及ばなかったことであった。

夜半、沼津から電話で、御危篤の報をうけ、寝巻の上に袴をつけたまま、大急ぎで両陛下の御寝所に駈けつけ、この由を言上した。

両陛下には、非常に驚かれ、すぐ沼津御用邸に行くから用意をせよと御沙汰になり、早速宮廷列車で未明の行幸啓となったのである。

私は、側近の者の役目とはいいながら、この悲しむべきお報らせを、自分の口から言上しなければならなかったことは、まことに辛いことであった。春まだ浅き四月初旬のその夜の、悲しさ、あわただしさは今もそくそくとして胸をしめつけられる思いが残っている。

我入道の海岸に今も残る記念の碑

沼津御用邸に御滞在中、天気のよい日、御気分のよい時には、ときどき摘み草にお出ましになられた。当時の摘み草は、浜防風であったが、その思い出の、我入道《がにゅうどう》の海岸近くに、御淑徳を敬慕する大きな記念の碑が、のちになって建てられたが、その碑面には浜防風のことまでが刻みつけられてある。

後年、貞明皇后様も、沼津御用邸御滞在中、時折その記念碑のあるところまで御散策になり、昭憲皇太后様御在世の頃をおしのびになって、いろいろお物語などされることもあった。

私は、皇太后宮大夫としてお供をし、その付近の旅宿に滞在した間、ときどき碑を訪れては、昭憲皇太后御在世時、さらには明治大帝在りし日の、さかんなりし祖国の往時を回想して、しばし海辺に立ちつくし、感慨にふけるのであった。

平民的な大正天皇

明朗仁慈のご性格

私が、大正天皇のお側にお仕えするようになったのは、さきにお話ししたように、明治天皇崩御直後の御践祚の時からであった。その以前、皇太子殿下であられた頃には、毎土曜日父陛下の御機嫌伺いにこられ、いろいろお話しをしておられたが、軍人であられたので、各地の大演習にお出かけになった時の思い出話などが主であったようだ。

宮城への道筋にも迷惑をご考慮

大正天皇のことは、御晩年御発病以後のことだけがむしろ誇大に伝えられ、終戦後は特に誤り伝えられる向きもあったようだが、御発病以前はまことに明朗闊達にして御仁慈深く、一般では想像できないほど平民的でお優しい方であった。現在の伊勢神宮祭主様（北白川房子様）をはじめ、御きょうだいの宮様方にも大変お優しくされた。

御践祚後も宮城の修理などの都合で、一年以上青山御所から宮城へ毎日馬車でお通いになったが、青山から赤坂見附を経て二重橋にお入りになるのがお道筋となっていた。ところが陛下は、〝毎日のことで、皆に迷惑をかけるのが気の毒である。公式ではないのだから道筋をかえよ〟と仰せ出されて、青山から弁慶橋を渡って右折し、麹町へ併行した裏門の半蔵門からお入りになることに変更された。青山御所から宮城への最短距離をお選びになったのである。

たとえ毎日のことであるとはいえ、天皇が宮城へお出ましになるのに、最短距離で裏門からお入りになるということは、本当は畏れ多いことなのだが、沿道市民の迷惑をそれほどまでに御軫念《しんねん》遊ばされたのである。

宮城では、先帝の御遺骸に御拝をされ（御大葬前）それから政務を御覧になった。政務は先帝時代の表の間であった。

乗馬がお得意で愛犬は大型揃い

おからだはお強い方ではなかったが、青山御所ではよく御運動をされた。乗馬はなかなかお得意で、私たちもお相手をしたがさすがに御立派であった。

先帝も犬を可愛がられたが、大正天皇も犬がお好きで、先帝時代の小型と違い、大型の犬を可愛がっておられた。ポインター、セッターをはじめグレーハウンドなど、代々木の今の明治神宮の御料地内に飼ってあって、毎日そこから連れられて来て、御散歩のお供をするのであった。侍従をはじめお供の者が綱を曳いて、お供をするのだが、陛下が犬を放してやれ、といわれる。放すと喜んで走り出すのはいいが、ときどきは行方不明になってしまう。グレーハウンドなどは一間くらいの高さの塀は飛び越える。すると陛下が、探して来い、と命じられる。ハイと答えて駈け出した侍従がまたなかなか帰って来ない、というような笑い話がよくあった。

犬は毎日のことで、ちゃんと出入口を知っているので、そこへ行って待っていた。

漢詩には特にご堪能

御趣味としては、一部の人々に知られていたように、特に漢詩には御堪能であった。三島毅という人がお相手をし、お作を拝見して、ときどきは朱筆をいれていたようだが、韻をふんで立派なお出来だとのことであった。

和歌にも御熱心であった。先帝は歌聖といわれたほど、御製の数も多く、お見事であったが、大正天皇は、どちらかといえば漢詩の方がお好きでもあれば、お得意ではなかったかと思われる。

室内のお遊戯では、玉突と将棋をされたが、将棋は私よりもお強かった。私よりも――と申しても、私が弱すぎたのでどの程度のお力があったかは判らない。玉突も相当のお腕前で、何事にも決して不器用ではなく、むしろ御器用な方であった。

拝謁者には煙草をワシづかみで

平常の御服装はカーキ色の御軍服で政務をとられた。お庭のお散歩などはフロックコートに山高帽、お奥でおくつろぎのときは、仙台平の袴を着用され、菊花五ツ紋の羽織を着ていられた。

昭憲皇太后は煙草がお好きだったが、大正天皇も非常にお好きで、ときどき葉巻などもくゆらしていられた。

誰にでも、側近はもちろん、拝謁者があると気軽にお話しになられたが、ほとんどの拝謁者にもお煙草をワシづかみにして下賜された。何本というきまりがあるわけではなく、一握り、御自分で下さるので、みな恐縮するのであった。御愛用の紙巻は御紋章いりだが、このお気軽な御親切を軽々しいお振舞いだとやかましくいうものもあった。だが、これこそ大正天皇の明朗卒直そして人を愛し人を喜ばせようとされるお優しいお心の現れであって、決してとやかくいうべきことではなかった。

時の元老の中でも、伊藤公や山県公など、とやかく申しあげていたようで、葉巻などものちにはお止めになった。もちろん、元老としてはいろいろ心配してのことであったろうが、陛下のお気持は、私たちにはよく拝察されるのであった。

隔てなき人間天皇

まだ皇太子で、御自由な立場のころには、ずいぶん明朗な逸話があった。そのころの私は明治天皇のお側にいたのだから、皇太子様のことは、その方の関係者たちから聞いた話であるが、相当に茶目ぶりを発揮された。

御用邸の裏門から自転車で飛び出さる

沼津御用邸におられた時の話であるが、そのころ流行の自転車がお好きで、乗り回しておられたが、ときどき、内舎人《うどねり》（とねり）ただ一人をお供に、さっと裏門から飛び出されて、どこかへ遊びに行かれる。侍従武官などがあとで気がついて、大あわて、捜して歩いてもなかなか判らず、非常に困ったということであった。わざとお供をまかれることもあった。

そのようなとき、お立寄りになったのは沼津の原にあった植松という旧家で、大変お気にいりであったらしい。いつでも突然いらしては、お茶一杯、と所望され、植松家でものちにはちゃんと心得ていて、お茶を差しあげていたらしい。また、植松家のほかでは大中寺、修善〔禅か〕寺というお寺にも、しばしば自由にお立寄りになられた。大中寺には立派な梅林があり、珍しい梅には名前をつけていただいたという。後年昭憲皇太后も、貞明皇后も、これらにはしばしばお立寄りになった。お手植の松や、お休みのあと、などが残っていたが、今でもあることと思う。

貞明皇后のご述懐

このことは、大正天皇が非常に明朗な御性格であったということだけでなく、その時代までは、たしかにそういう御自由が許される伸び伸びした空気があったのである。皇室と国民の間を厳しく隔てるようになったのは大正中期以後からで、昔はそうではなかった。

終戦後、厳しすぎた警戒がいくぶん緩和され、今の陛下の地方御巡幸が、国民との親しい接触の姿で行われるようになったとき、皇太后様は〝これで本当によくなった、しかし昔はまだよかった……〟と仰せられたほどである。

一般では、どのように見ていたか知らないが、明治天皇様はもちろんとして、あまりに形式的な厳しい警戒は、陛下も殿下方も、お嫌いなのである。前記の、皇太后の〝これでよくなった〟といわれたお言葉は、本当にしみじみとした御述懐で、私どもも胸をうたれた。

陛下の声を真似る九官鳥

陛下になられてから、お気にいりの九官鳥を始終お側に置いておられたが、これが実に賢い奴で、陛下のお声、お言葉の調子まで、全くそっくりに真似をする。ときどき〝坊城坊城〟と私の名を呼ぶ。ハーイとご返辞してお側へ行くと、陛下はけげんな顔をされて〝呼ばなかったよ……〟といわれる。

するとまた〝坊城、坊城〟と籠の中から呼ぶので、九官とわかって苦笑して引き下る。陛下は大笑される。こういうことが、しょっちゅうであったのには閉口した。また九官か、と思っても、本当に陛下だったらいけないので、呼ばれるたびに御前に行かねばならなかった。

この九官は、外へ持ち出したときでも、坊城、坊城と私を呼ぶくせがついてしまって、しゃくにさわるのだが、このことが評判になって、その頃の新聞に出たほどである。

両陛下と宿直者と打ちとけてのご晩餐

夜のふだんのお食事には、宿直で残っていると、必ずお呼びになった。両陛下は向い合いにお座りになり、私や傍らの女官にまで、いろいろ御馳走をいただくのだが、お酒はシェリー酒をグラスに二、三杯お上りになる。

大正天皇は、皇后様を〝貞子〟〔皇后の旧名は九条節子《くじょうさだこ》〕とお呼びになられるならわしだったが、私にグラスをすすめられて、

〝貞子、坊城についでやれ〟といわれる。これには私も恐縮した。でも折角のお言葉だからいただくと、

〝もう一杯ついでやれ〟

といわれる。皇后様は笑っていられるが、私はいつも、そんなにはいけません、もう結構でございます、とせめて一、二杯で御辞退した。このようなにぎやかな、うちとけた、全く平民的なお食事が特にお好きであって、泊りの日はしょっちゅうおにぎや

かなお食事の座に呼んでいただいた。

お優しい天皇・お側の者も気楽に

終戦後、占領政策の要請とかで、わざわざ〝人間天皇〟の御宣言があったが、私たちからいわせると、不思議でもあれば不可解でもある。大正天皇のごときは、もっとも人間的な、しかも温情あふるる親切な天皇であられた。私がお仕えしたのは、御践祚のその時から一年あまり、僅かな期間ではあったが、ほとんど毎日朝からお寝みになるまでお側にいた。もし私が、チブスなどにかからなかったら、なおその後もお仕えしたかも知れぬが、そういう病気にかかったため、また一つにはからだが弱かったので、お側を離れ、病気が癒ってのちは狩猟官に転じ、おかげでからだは健康になった。

率直に申しあげて、私の眼に映じた大正天皇は、お側に仕える者にとっては、まことに気の張らない、心からお慕わしいお方であった。時勢がだんだん窮屈になり、元来蒲柳《ほりゅう》の御体質にいろいろな御苦労が重なり、御疲労のための晩年の御病気はまことにお気の毒であった。

日光の、田母沢《たもざわ》御用邸が特にお好きで、御用邸と背中合せの庭続きの植物園にあった撞球場に、とてもうれしそうにお出かけになられる時など、お側の者にもいろいろ話しかけられた。本当に純情な人懐こいお方であった。

「山の宮様」の思い出

若き日の秩父宮

秩父宮〔雍仁《やすひと》親王〕殿下に、はじめてお目にかかったのは、ずいぶん古いことだが、明治天皇御在世の晩年であった。私は当時侍従職出仕をしていたが、さきにものべたように、明治天皇のお側の御用をつとめる役目で、年少の者に限られていた。その頃は、今上陛下〔昭和天皇〕をはじめ、秩父宮、高松宮〔宣仁《のぶひと》親王〕さまのことは、皇孫殿下と申しあげていた。ときどき、お揃いで御祖父明治天皇の御機嫌伺いに参内され、御父大正天皇（当時皇太子）と御一緒のこともあった。

明治天皇のお側で熊の毛皮に好奇心

その頃の記憶だが、ある時今上陛下と、故殿下は学習院の制服を召され、高松宮は他の服装で、お三方お揃いで参内になった。

表御座所で明治天皇に拝謁がおわると、三殿下はつぎの間にお入りになり、そこに敷いてあった白熊や「ひぐま」の毛皮がお珍らしかったとみえ、しばらくはそこでお遊びになった。ことに白熊の頭は剝製になっていて、実物そっくりに見えた。三殿下はこの白熊の頭を叩いたり、その口に手を突っ込んだり、腰かけたりして無邪気に打ち興じられた。

好奇心の強いお年頃で愉快な質問を、お三方でやつぎ早やになさるのだが、附添って来ていた丸尾〔錦作〕御養育掛長は、明治天皇のすぐお側近くではあり、いい加減のお答えもできず少しうろたえ気味で、いちいちお答え申しあげていた。その時の光景は、なぜか今もありありと記憶に残っている。

和やかなお姿に将来の困難を思う

御祖母昭憲皇太后から、皇孫殿下にお贈りになる玩具を、奥から頼まれて買いに行ったのもその頃であったろう。

昭憲皇太后が、沼津の御用邸に御滞在中、御機嫌伺いにあがったことがある。そのときちょうど皇孫殿下お三方お揃いで来ておられ、皇太后や女官たちと遊んでおられたが、その御様子を、目を細めて、うれしそうに眺めていた香川〔敬三〕皇太后宮大夫は、私をかえりみてつぎのような感想をもらした。

只今は三殿下とも、何のこだわりもなく無邪気に遊んでおられるが、お年を召してからは、それは大変な御苦労が、今日では想像もできない御苦労があろう……。

この述懐は、今日でも私の胸中に深く刻み込まれている。必ずしも現在の日本を予言したとは思わないが、将来の困難なるべき国の歩みを、香川さんともなれば、明察しかつ憂えていたのであろう……。

三殿下がかりで青山御所大騒動

お代替りになってからは、大正天皇のお側に、引き続き奉仕したことはさきにものべた通りであるが、今度は、大正天皇の御殿であった青山御所で、たびたび三殿下にお目にかかり、お相手をした。

ハンケチ取りという遊びを御一緒にしたこともあったが、なかなかお元気で、時には三殿下で攻めたてられ、組みついたり突きとばされたり、御殿中大騒動になって、あまり騒ぎが永く続いたりすると、貞明皇后が見かねられて〝もうお止め遊ばせ、お止めにならぬと坊城は帰ってしまいますよ……〟とおたしなめになった。元気いっぱいの三殿下も、しかたなくおとなしくなられるのであったが、忘れ得ぬ記憶の一つである。

スイスの山から山の宮様の便り

秩父宮殿下御青春の頃は、山の宮様、スポーツの宮様として世間にも知られていたごとく、山登りなどお好きでもあれば、お上手でもあった。私も、登山やスキーのお供をしばしば仰せつかったものだ。そうしたことからつぎのようなお便りを、遠くスイスからいただいたことがある。

君もこの冬は大いにスキーで活動されたことと思います。僕もこのスイスで大いに活動しています。大いに上達する野心を以って……。最も安心したのは、スイスの雪が日本以上に悪いということで、この雪で練習するなら、日本へ帰っても大丈夫と考えたことです。（中略）毎日電車を利用して山に行き、痛快なる滑走を試みています。（下略）

異郷における「山の宮様」の御面目、躍如たるものが感じられるではないか。大正十五年二月六日付 The Ralance Hotel des Alpes と片隅に印刷された白い封筒の中の、二葉の絵葉書に認められたお便りである。うち一枚の絵は、スキーヤーが木立に

衝突したところを描いた漫画で、

「この葉書、特に立山登山を思い出さしむ、特にお送りする」と書かれている。当時は私も殿下を見習って、毎年冬山をめぐっていたことが回想される。思えば平和な時代だった。

しかし、「山の宮様」「スポーツの宮様」については、私よりももっと適当な話し手があろうから、いささか話は前後するが、「鴨場の宮様」について思い出を語ってみたい。

殿下の鴨猟

現在も宮内庁の鴨場で、もっとも普通に行われているのは叉手網《さであみ》（さして）による鴨猟であるが、古くは鷹が用いられた。秩父宮は、この鷹による猟にもっとも興味をもたれ、鴨場におでましになるのであった。

逸物の鷹すえて浜御苑の鴨場に

大正十二年四月二十九日のことであった。大正時代であるから、この日はまだ天長節ではない。浜御苑の中の、庚申堂の鴨場にお供をしたが、この日は小雨が降りしきる薄ぐらい日であった。

今は戦災のため、建造物は焼け、御苑は一般に開放されているが、今日でも往時の鴨池は残っている。庚申堂付近の、ひるなおくらい樹木も、引堀《ひきぼり》も、昔のよすがをとどめている。元溜《もとだまり》は荒廃して、青みどろの水が淀んでいるのだが……。

小雨の御猟場は一段と小暗かった。しかし、引堀に出られた殿下は、はつらつとした若さに輝くばかりのお姿であった。その頃の殿下はそれほどにお元気であられたのである。

左の拳《こぶし》には逸物の鷹が据えられている。その鷹は忘れもしない。当時狩猟官だった私が、手塩にかけて鷹匠とともに仕込んだ大鷹である。その大鷹をおん手に、さっそうとして立たれた殿下……。私はきのうのことのように、あの日の殿下の若々しいお姿を、晴々しいお顔を、そしてあの笑い声を思い出さずにはおれない。

スポーツには無類のカンのよさ

殿下をはじめ、鷹を据えたわれわれは、引堀に沿うて並び、息を殺している。引堀にはすでにオトリ（家鴨）に誘われた鴨が先溜から入っていて、餌をついばんでいる。聞えるものは、老樹に注ぐ雨の音ばかりである。

ころあいを見計らって、突如一人の鷹匠が、小覗《このぞき》（引堀の中を一目に見渡せる場所）から狭み（引堀の入口）に現れる。この人影に驚いて鴨がパッと飛び立つ。間一髪、鷹を据えた左の拳を、この獲物に向って、振り出すように一直線に強くのばす。羽風を残して、鷹は一文字に鴨を襲う。強烈な爪の一撃、抜けた羽が空中に飛散する。つぎの瞬間、鷹も鴨も一塊となって、もんどりうって落下して来る。それはまさに鷹狩りの醍醐味である。叉手網の狩猟とは全く違った壮快さである。

この、鷹を獲物に向って放つことを「羽合《あわ》せる」といい、きわめて微妙な呼吸がいるが、スポーツマンとしての殿下はまことにカンがよく、ホンのちょっとした解説で、よくそのコツを会得されたようであった。

若き日の殿下の忘れ得ぬお元気

はじめて羽合された鷹が鴨を捕獲し、いち早く駈けよった鷹匠が、鷹をのけて、仕止められた獲物を御覧にいれたとき、殿下は眼鏡の奥のお眼をキラリと光らせ、つぎに莞爾《かんじ》とされた。いかにも、狩猟の醍醐味に満足された御様子であった。

この鴨猟の場合、鷹の足革には、忍縄《おきなわ》と称する五、六十尺の紐がついている。これは万一捕り損った鷹が、鴨を追って元溜に入ったとき、呼び戻す困難を避けるためのものである。殿下は、その忍縄を器用にさばかれ、うっそうたる老樹の下、小雨の中を、つぎの引堀に大股に歩いて行かれる。英姿という言葉がそのままピッタリであった。

数回の狩猟の結果、殿下をはじめわれわれは、その日数十羽の鴨を仕止めることができた。

今を去る三十年前、庚申堂の鴨場、旧御苑における、殿下お若き日の忘れ得ぬ御面影の一コマである。

御殿場静養のころ

〝スポーツの宮様〟として知られたほどの、特にお元気であられた秩父宮も、後年不幸病魔のため御殿場に静養されるにいたったことは、世人のよく知る通りである。

この御殿場御静養中の殿下を、貞明皇后はしばしばお見舞い遊ばされた。私は、その供奉員の一人として、また時にはその御使として、しばしば拝顔の機会があった。

鋭かったご観察力

こういうことがあった。貞明皇后が、英照皇太后の御画像を山下新太郎画伯に御下命になり、それができ上ったときのことである。

英照様は、秩父宮としては直接にはお知りにならない間柄であるのだが、殿下は平素人並すぐれた〝カン〟の鋭いお方であられるので、御画像とお写真とくらべて、どこか悪いところはないか、うかがって来るようにという貞明皇后の仰せであった。ちょうど沼津御用邸御滞在中のことで、私は早速御殿場の御別荘に殿下をお尋ねした。持参の御画像とお写真をお目にかけて、貞明皇后のお言葉をお伝えすると、

〝自分にはそんなカンはないのだが……〟

と謙遜されながら、その場で御指摘になった諸点は、皇后のお言葉にたがわず、なかなか鋭い御観察であった。

選挙中に迷惑と親子の慕情もご遠慮

貞明皇后は、毎年沼津の御用邸に行啓されたが、その間必ず一、二回は、御殿場をおたずねになるのが例であった。

昭和二十六年、皇后崩御のその年の春にも、沼津御滞在中であった。そして、殿下をお見舞い遊ばされることを、唯一のおたのしみとしておられた。であるにもかかわらず、この時はついに御殿場行啓がなかった。

それは何故か、ちょうどその時は選挙の真ッ最中で、警官その他関係公務員は多忙をきわめており、皇后が行啓となれば、その上いろいろ手数迷惑をかけるから……との思召しから、とうとう御遠慮遊ばされ、我慢しておられたのである。

宮中も、民間も、親子の情にかわりはない。ましてや母后として御愛情ひとしお深かりし貞明皇后が、病中の秩父宮を思われるお心は、時代と環境からしても却って深いものがあられたであろう。それをしも、御遠慮遊ばされた御心情の厳しさは、まことにお気の毒であった。

その年ついにご対顔もかなわず

そのかわり、選挙も終った六月の初めには、一、二泊の御予定で、お出ましになることになっていた。

その頃の御殿場の御別荘は、いろいろ小鳥が群れ集り、美しく珍らしい啼き声が聞かれ新緑もひときわ鮮かに、いわば最良の季節である。

皇后のおたのしみは申すまでもないが、お待ちになられる秩父宮と節子〔勢津子。旧名は松平節子〕妃殿下のお喜びは大変なもので、御母后のお部屋のしつらえにも、あれこれと細かなお心を配られ、久しぶりの御対顔、お語らいを無上のたのしみと待ちこがれておられた。

ところが、五月のなかば、突如として貞明皇后は崩御遊ばされて、すべては水泡に帰した。その春以来心ならずも御遠慮されていた母后の御胸中もさることながら、待ちこがれていられた御病中の、殿下の御心中は拝察するだに涙なきを得ない。

藤沢最後の拝顔・ついに母后のおん後を

殿下に、最後にお目にかかったところは、藤沢の御別荘であった。

お玄関に入ると、殿下はたまたま玄関近くにいられて、御自身奥に御案内された。その時は、大日本蚕糸会総裁のことで御相談に伺ったのである。人も知るように、貞明皇后は久しく同会の総裁であられたため、その後任をお願いするためであった。私は、両殿下の御前で、蚕糸会の事情についていろいろ御説明申しあげたが、突っ込んだ御質問に返答に窮したりした。それでも切に御考慮をお願いし、殿下は〝考慮してみよう〟と約された。

昼の御陪食にあずかり、お暇するに際して妃殿下の御案内でお家の中をくまなく拝見させていただいた。

思えば、この日が、お目にかかった最後であった。

永年の御養生もついに空しく、殿下も、御母后のおあとを、悲しくも追われた。

謹んで御霊の御平安を祈り奉る次第である。

終戦後の貞明皇后

皇太后宮大夫として

貞明皇后様には、その御晩年、特に諸事不如意の終戦後から、皇太后宮大夫としてお仕えしただけに、いろいろな思い出がある。前後五十年にわたる私の宮中奉仕生活もこれが最後となったのであって、子供の頃から明治天皇のお側仕えとして上って以来、大帝崩御から貞明皇后のおかくれまで、思えば長い奉仕であった。

遠い過去にも鮮かに残る記憶があるが、さすがにその数は少い。しかし、貞明皇后のこととなると、きのうのことのように思い出は多い。年代や時間的には前後することもあるが、すなおな印象を崩さないために、思い出すままを、そのままに話したい。

大夫職拝命の日のおことば

私が、大夫職を拝命したのは終戦の翌年二十一年の三月末のことであった。その頃、貞明皇后は沼津御用邸御滞在中であったので、就任の翌日御用邸に参上して任命のお礼を言上し、特に一言つけ加えて申しあげた。

それは、一部には知っている人もあると思うが、大谷〔正男〕、入江〔為守〕の両大夫も立派であったが、その以前の香川敬三さんが昭憲皇太后の大夫職として勤められた態度はまことに見事であった。誠忠無二にして万事よくゆきとどき、出処進退すべて機宜を得て、いわば大夫職の範ともいうべきであった。元来香川さんは維新の元勲の一人であり、人格識見かね備わり余人の企て及ばぬ大夫職ぶりであった。私はそれをよそながら見ていたし、敬服もしていたので、〝不肖の坊城、前任の方々のようなお勤めができるかどうか、危惧いたしております。とくに、香川さんのような御立派な大夫職の万分の一にも及ばぬであろうことを恐れております〟と申しあげたのである。もちろん、香川大夫のことは、貞明皇后も御承知であった。この時、貞明皇后は、

そういうことは、今は、しなくともいいから……。

とお言葉すくなではあったが、心やすく勤めよ、という意味を仰せられた。これが、大夫職となっての、最初の記憶である。

御生母御逝去にも遠慮されて

就任間もなく、四月五日に貞明皇后の御生母浄操院さまが亡くなられた。当時たしか九十歳ぐらいの非常に高齢のお方であった。（註　浄操院、野間氏の出、九条いく子〔幾子〕）

九条家からこの知らせをうけた私は、早速このことを貞明様に申しあげた。さすがに驚かれたが、平素、皇后として宮中にあられた間も、また皇太后となられてからも、お里のことには非常に御遠慮ぶかく何事もひかえ目であった。それは国母陛下としてのまた皇太后としての、お立場を深く考えていられるからではあったが、お気の毒なことであった。

この時、一瞬お驚きになったが、何とも別段の仰せがなかった。そこで私から〝もしお差し支えなければ、私がお使いとして九条家に参上し、御思召しを伝えたいと思います〟と申しあげたところ、

そうしてくれるなら有難い、ではよろしく頼む。

と大変喜ばれ、いろいろ御伝言を承り、沼津御用邸から上京して九条家に参上、大宮様の御思召しを伝えたが、御心中のほどを察するだに、お気の毒でもあれば、またそ

の公的お立場を深く重く考えていられる御責任感には全く頭が下るのであった。

両陛下への御口上にも起立さる

大宮様（貞明皇后）からは、よく両陛下へお使いがあった。使いの御口上を承って、東京へ赴き、宮中に参上して申しあげるわけだが、御口上にはもちろんいろいろある。そのままにお伝えすることが役目の本分であり、足らざるもすぎるも許されないことなので、案外気骨の折れる役である。御口上はメモにして途中の汽車や自動車の中で復習しながら、寸分の誤ちなきことを期したものである。

ところが、この御口上をお伝えになるとき、大宮様は必ず起立され、姿勢を正してお述べになった。天皇、眼前にいますがごとくであった。また、東京から帰って来て、お使いの次第、両陛下からのお言葉などを復命申しあげるときも、きちんと起立してお聞きになった。

今の世の考え方では、これを封建的だというものがあるかも知れないが、決して形式的ではなく、至尊に対する敬意と秩序を重んじられたのである。秩序は複雑なものであってその中の一つが欠けても成り立たない場合がある。いわんや、精神的な秩序は単なる「しきたり」ではない。

大宮様は、それを身を以てつねにお示しになった。

人のまごころ

末端奉仕者にまで必ずお土産品

沼津御用邸に御滞在中、お供している奉仕の者たちは、それぞれ交替して東京に帰ることになっていたので、私は、あらかじめ交替勤務の予定表をつくり、お手元に差しあげておいた。もとより、一小使〔用務員〕にいたるまで洩れなく記入したものを差しあげていた。

これによって、皇太后は奉仕の者の交替は全員御承知になっておられたが、その交替退出に際しては必ず何かのお土産を下された。終戦後のことでお手元は決して豊かではなかったのだが、献上品を分けてやられたり、御用邸の畑にできた野菜であったり、または、御用邸に飼ってあった僅かばかりの鶏が産んだ卵などをとっておかれて、それぞれに下賜された。

お目にかかったこともない下々の者にも、一人洩れなく、ちゃんとその前日までに土産の品を用意され、その日になると御挨拶に出る者には、その場でお渡しになり、御挨拶にも出られない小使などには、陛下の方からその日を記憶しておられて、女官を介してお渡しになられるという、徹底したお心遣いであった。

このような内輪の奉仕者だけでなく、御警衛にあたる守衛や地方の警察官たちにも、その交替退出に際しては同様のお心遣いがあった。卵やお菓子、そんなものが足りないときは、たとえ煙草一本ずつでもお渡しになられた。

この方まで加えると百名から百五十名という多数になるので、これは決して簡単なことではなく、並々ならぬお心遣いであったのである。それも、すべて陛下御自身のお心遣いであり、あらかじめ品を用意されるだけでも、非常なお心配りであったのである。

貞明皇后

このほか、地方の知事や市長、その他の有力者などが御機嫌伺いに出ることがあるが、そのときは前日までに陛下の御都合を伺って来る。すると陛下はその都度、それらの人々に渡される品物の選定をされた。

当日、拝謁者たちがいよいよ退出することになると、御下賜品を盆に載せて出され、その品物の由来を説明して渡された。これは両陛下から進ぜられた物であるとか、これは何某の献上品、これは御用邸で出来た野菜であるというように、すべてその由来を明かにしてお渡しになられた。

その説明は時によって私がしたり、女官がすることもあったが、拝謁者たちは非常に喜んで引き退るのであった。どんな品物でもその由来を説明して渡される——というのはいかにも貞明皇后さまらしく、ゆき届いた御親切であった。また、物の有難さが身にしむ思いでもあった。

長尻の変人も〝粗末にするな〟

拝謁者で思い出したが、その頃、沼津の人で中島鉄也という元軍人で七十ぐらいの老人が、よく御用邸にやって来た。大正天皇時代、どこかでお仕えしたことがあるといっていたが、貞明皇后が沼津にお出になると、必ず御機嫌伺いにやって来た。拝謁のお願いはしなかったが、とても話の長い人で、忙しい時などは私たちも閉口させられた人である。

話だけならまだいいが、いろいろな書付などを持って来て、先帝陛下が皇太子殿下時代、何年何月どこそこへお出になったその記念であるとか、記念の土地の草を摘んで来たとか、いろいろな物を持って来る。絵や文章を書いて来ることもあったが、その文章が難解で分らない。しかも当時おちぶれて、古ぼけた山高帽などをかぶり、くたびれた風態でやって来ては、そういうものを御覧にいれてくれというのであった。〝おひまの時御覧にいれるから、きょうは帰って下さい〟と自然追い帰すような扱いにもなりがちであった。

このことが、いつしか貞明さまのお耳に入った。お尋ねがあったので、ありのままを申しあげたところ、はじめはお笑いになったが、

たとえ迷惑なことがあってもまごころこめてやって来る老人を、粗末に扱ってはいけない……。

とたしなめられた。今更にハッと胸をうたれたのである。

自分のことを申しあげるのも気がひけるが、沼津御滞在中の寸暇に、朝早く御用邸の石垣の上から釣りをしてみた。運よくちょっとの間にメゴチが五、六尾かかったので、御覧にいれたところ、早速大膳職に命じられて煮つけ、天ぷらなどに調理させられて、一尾だけ召し上られ、

大変おいしかった……。

と非常なお喜びをいただいた。があとは私たちに、〝食べてみよ〟とお下げになった。人のまごころは、必ずそのままおうけになり、そのものを喜ばせようとされた。当

時、食事情も今日とは違って、非常に窮屈な頃であった。いろいろ考えると、涙が出る思い出の一つである。

沼津駅頭の三陛下

両陛下一夜のお物語

終戦の翌年、二十一年六月に、天皇・皇后両陛下お揃いで静岡県の戦災地へ御巡幸があった。この時、両陛下は、沼津御用邸にお立寄りになり、久々に皇太后陛下（貞明皇后）に御対面があった。

天皇は、母陛下にねんごろな御挨拶ののち、御予定の行幸地へ御出発になったが、皇后はお残りになって、その夜は沼津御用邸に御一泊になった。これは、あらかじめそのような御予定の下に、東京をお揃いで御出発されたことと思うが、皇太后と皇后が御一緒の御殿に御一泊になったということは、私の知っている範囲では、全く前例のないことであった。

両陛下は、御仲まことに睦じく、お揃いで御用邸内を御散歩になり、皇太后からは御用邸内の御説明などがあり、皇后は実の母のお話を聞かれるごとく、懐しみ喜ばれていた。そのあと、御夕食もお揃いでおとりになり、その夜は、時の経つのもお忘れになって、深更まで、お二人きりのお物語があった。

終戦という険しい時代を背景に、婦徳の亀鑑と仰がれていられる両陛下が、前例にもなき夜をこめてのお物語はなんであったろうか。晴れ晴れと、そして柔く温い光のもれるお部屋を仰いでは、奉仕の者も、警衛の者も、その夜はひとしおもの静かに、それぞれもの思いにふけったことであった。

その翌日、行幸御日程を終らせられた天皇は、沼津駅を経て東京へ還幸された。この時皇太后は、皇后とお揃いで沼津駅へお出ましになった。

群衆が君が代の大合唱

お召列車が沼津駅に止まると、天皇はただちにホームに降り立たれ、つかつかと両陛下の傍へ進み寄られた。丁重に御会釈挨拶をされる皇太后に、お手をさしのべられてお召列車の中へ誘導された。そのあとから皇后は、あのふくよかな顔をほころばせて、にこにことついてゆかれ、やがて三陛下はお召列車の中で、卓を囲んでお話をされた。

その光景が、駅前に雲集していた群衆にも、逐一拝見された。宮中の場合はもちろんのこと、たとえ行幸中といえども、三陛下がお揃いで、しかも天皇・皇后両陛下が、御母陛下に仲睦まじく孝養をつくされるという光景が、一般の者に眼のあたりに拝見されるということは、これこそ全く異例のことであり、しかも終戦翌年の六月、食にも、住にもことかく苦難の中に、祖国の行く末をそれぞれに案じていたその頃に、この光景を拝見した群衆は、万感胸に迫るものがあったことであろう。

名状し難い感動の高鳴りが、やがて群衆の中から、〝天皇陛下万歳〟の叫びとなり、続いて誰がうたい出すともなき、〝君が代〟の大合唱となった。老いも若きも、男も女も、感動をこめてうたう〝君が代〟の大合唱は、沼津駅の広いホームを感激に押し包んでしまった。

天皇は、さっと立たれてこの群衆の感動にこたえられ、皇太后も皇后も、静かにお立ちになり、群衆の方へ向われた。天皇のお顔もさすがに感動にこわばられるほどであった。お召列車のすぐ傍らに立っていた駅長も、駅員たちも、感激に頬を濡らしていた。ふとみると、群衆の一人一人も泣いていた。私もいつしか泣いていた。

この日の、沼津駅の感激は、おそらく私の終生忘れ得ぬところであると思う。皇太后陛下は、この感激の光景の中に、お召列車をお見送りになって、いとも御満足げに御用邸にお帰りになった。

昔、英照皇太后と昭憲皇太后が一緒で、群馬県に行啓されたことがあった。このときは、自動車はもちろん、汽車もそこまではない頃で、東京から馬車でお出ましになり、途中で有志の家に御一泊になったと聞いている。そのほかには、皇太后と皇后が御一緒に御用邸に一泊されたということはなかったのである。

英照皇太后の御画像に細心のご注意

秩父宮のお話のときも申しあげたが、英照皇太后の御画像を、お写真によって山下新太郎画伯にお描かせになるときは、実に細心の御注意があった。一応でき上ったものを自らお写真と比べられ、さらに竹屋〔津根子〕女官長（すでに九十に近い高齢）をお呼びになって、その意見を求められた。竹屋さんは昔、英照皇太后に親しくお仕えしたことがあったからである。この竹屋さんの意見を参酌され、細かな点まで微細な御注意があって、山下画伯に直させられた。こういう点はまことに緻密、周到なお方であった。

就任当時、私は非常な緊張を覚え、一身を投げ出して御奉公申しあげる決心で、御用邸の一室に日夜つめきりで奉仕するべくこのことを申し出たところ、

〝そうまでしては、身体にさわる。身心が休まらぬであろうから、今まで通り、

大夫は外へ泊りなさい〟
といわれ、御用邸近くの日緬寺というお寺へ宿泊した。まことに思いやりの深いお方であった。

皇太后と浜の子たち

ご自分で芋作り

沼津御用邸の御本邸は戦災で焼け、西附属邸を使用しておられたが、その頃沼津学園という旧制の高等女学校があった。ここの校長は青木〔信而〕という人で、なかなか精神家で相当に意思の強い人であった。

まだ戦争になる前から、女生徒たちに農耕の実習をやらせた。もちろん農学校ではないのだが、身心鍛錬修養のためと称して父兄たちの反対も非難も意に介せず、土にまみれて百姓仕事を全生徒にやらせた。当時の女学校といえば嫁いりの装飾ぐらいに考えているものが多かったので、反対も強かった。「大根女学校」などと悪口をいうものもあった。それでも戦後まで押して続けたので、戦後になってからにわかに父兄にも感謝され、大根一本が貴重品となってみて、この校長の偉さがわかったわけである。

この校長から御本邸の焼跡に、実習のため野菜類を栽《う》えたいと願い出た。早速お許しになったが、いよいよ生徒たちの実習がはじまると、陛下はしばしば見学にお出ましになった。そのうちに、御用邸側からも芋をつくろうということになって、みんなで勤労奉仕をはじめた。それが六月の暑い盛りであった。私はその頃肥っていたし、性来の汗かきではあるし、これには閉口した。しかし、陛下自らおやりになるし、ふうふういいながら一生懸命にやっていた。

そのうちに、畑に雑草がはびこって来て、草とりをやらねばならなくなった。畑仕事の中でも一番イヤな仕事だ。面白くもなんともない上にひどい労働だ。それを陛下は先頭に立っておやりになる。せっせと、まるで本当の百姓の農婦のように、勤勉に根気よくおやりになる。私もやらざるを得ないので汗ダクでやっていると、

〝坊城大夫は大分辛いようだから、やらなくてもよろしい……〟

とお許しが出た。事実辛くて仕方がなかったので、〝有難い〟と思ったが、まさか陛下がおやりになるのに、全然止めるわけにはゆかぬ。それからは、ぼつぼつやることにした。

やがて芋畑もよくできて、収穫の時期となった。芋掘りである。この時も陛下は土

まみれになってお掘りになった。それが、まことに丹念で、どんな小さな芋でも、細い白根もお切りにならず、まるで生き物でもいたわるようにして、深い土の底から掘り起してお抜きになる。そのために非常に時間がかかる。

〝陛下、これでは商売になりませんね〟

と申しあげたら、

〝これがたのしみだよ……〟

と仰せられた。一言もなかった。このような場合にも、陛下の御気象はまことにハッキリ現れていた。

肉体的に辛い仕事でも、手をつけられたら入念に徹底的におやりになるが、さりとて他人に無理な仕事を押しつけられようとはしなかった。そして〝たのしみだよ〟と淡々としていられた。意義のある仕事だとか、大切なことだとか、説教らしいこともいわれなかった。

ご散策中のひとときに慕い寄る浜の子たち

沼津の海岸などを御運動に散歩されるとき、警衛の者は私服でお供をし、なるべく陛下だと分らぬように気をつけた。それでも、近所の子供たちが陛下の前に寄って来ると、警衛の者は追ッ払うのが人情であった。しかし、陛下は子供たちがお好きで、警衛の者がまごまごしているうちに、子供たちに話しかけられる。

〝年はいくつ、どこの学校に通っているの……〟

などとお尋ねになるのだが、はじめはなんとなく怖がって、もじもじしている子供たちも、だんだん大勢集って来たり、なれてきたりすると、活発に御返事をするようになる。

貞明皇后と浜の子たち

陛下と知ってか知らずか陛下の前に群り寄って来て、いろいろな御質問にお答えするようになった。陛下は、それが可愛くてたまらぬ様子で、目をほそめてにこにこして、しばらくは子供たちとお話になる。無邪気な子供たちにも、陛下の優しいお気持が通じ、立ち去られるまではお傍を離れようとはしなかった。なんともいえぬ美わしい光景であった。

内親王に無言の教訓

沼津海岸の牛臥《うしぶせ》の方に、昭憲皇太后の「摘草の碑」があることはさきに述べたが、ここにお立寄りのとき、雑草が生い繁って荒れていた。陛下は二、三度お出でになったが、その都度自分で草むしりをされ、碑のあたりを清められた。お供の者もそれにならった。これを見ていた我入道の人たちが、陛下がなさるのを黙って見ておれぬと紫会という婦人会ができ、その人たちの手で清掃奉仕があり、見違えるようにきれいになった。

陛下は大変喜ばれて、その頃御用邸の焼跡に置いてあった「青銅の鶴」を下賜された。この品は陛下が東宮妃として御成婚のとき献上されたものだが、これを下賜されるとき、

〝あれは自分個人の物だから、我入道の村人たちにやってもよい〟

と仰せられた。それほど公私の別を厳しく考えておられたわけであった。村人たちは大変喜んでおうけし、昭憲皇太后摘草の碑の傍へこれを据え、風致をそえた。陛下は、

〝ああしておけばみなも大切にするだろう……〟

と述懐しておられたが、昭憲皇太后の記念碑を粗末にさせまいお心づかいであったのだ。

その後、清宮《すがのみや》様〔貴子内親王。昭和天皇の第五皇女〕などがお見えになったとき、

ここにお連れになって、碑をお見せになった。そこへ、もうなついていた浜の子供たちが、〝ワアッ――〟と駈け寄って来たが、陛下はいつもの通り、喜んで子供たちのお相手をされた。内親王様方に、無言の教えを、ふくんでいられると察せられる御態度であった。

村の子とまりついて庶民の中にご生育

貞明皇后は、明治十七年六月二十五日、東京神田錦町一丁目十二番地にあった九条家の第四女として誕生された。御父君は道孝、御生母はいく子〔幾子〕と申された。御名は節子《さだこ》と命名された。九条家はその年七月に施行された華族令で公爵の礼遇をうけた。

節子姫は、御誕生間もなく、東京郊外の（中央線中野駅の附近）農家大河原金蔵の妻を乳母と定められ、その家に養育を託された。そこはその頃は、杉並村高円寺部落で田舎びた武蔵野の一角である。夏はひぐらしが鳴き、夏草が生い繁り、大河原家は青梅街道に沿って家のまわりにはケヤキの木立が立ち並び、附近は一面の畑で、裏の方は雑木林で栗の木が多く、人家もまだまばらで、典型的な武蔵野の風趣を備えていた。

九条家から姫を託されたのは、同じ部落から九条家に出入りしていた者の紹介であった。折柄、大河原の家では男子出生後間もなく死亡し、母乳が十分にあったからである。もとより、血統・家柄などについても調査の上であった。

このような環境・情景の中で、附近の農家の子供らと一緒に、まりをつき、蝶を追い、野に出て野草を摘み、秋には栗を拾い、冬の夜には灯火ほの暗い炉端で、村翁の素朴なお伽ばなしに目をかがやかして、節子姫は高貴の生れには珍らしく素朴なふん囲気のうちに、すくすくと成長された。このような大河原家での御生活を明治二十一年の秋まで、五年間続けられて九条家に戻られた。

もの心わずかにつきそめた、まだいたいけの五歳までの御生活ではあったが、初の人生経験としてのこの五年間は、いつともなく脳裡にきざまれた素朴な田園と、四季自然のうつりかわりの中に、従順そのものの明け暮れをおくる農民の姿、庶民生活の印象は、節子姫の生涯に大きな役割をはたしたといえないだろうか。

皇太子妃となられて以来、皇后・皇太后となられても、その御生活態度のつつましさ、その驚くほどの御質素と勤勉、それらは決してつとめてそうされるのではなく、全く自然ににじみ出る御態度であった。後年、自ら養蚕を熱心になさったり、大宮御所に稲田をつくられて、植えつけ刈りいれまで、手ずから試みられ、またさきにのべたように、終戦直後の食糧難時代には、沼津御用邸の焼け跡に甘藷の栽培までおやりになったのも、決して見せかけでも、教訓でもなく、その淵源は高円寺における御幼時の郷愁ではなかったろうか。もとより、清く、つよき御資質によることは申すまでもない。

お心のふるさとを

この大河原家には、私が大夫職となってからもときどきお立ち寄りになった。大正天皇の多摩御陵に御参拝の途次、お立ち寄りにはならないが、せめて車窓からでも見たいと仰せられたので、大河原家に連絡し、同家ではその日、国旗を立てて目印しにした。それを車窓からしみじみ眺めていられたお姿はほんとうにお懐しげであった。その後多摩御陵御参拝は自動車となり、道筋が変って見えなくなったのはまことにお気の毒であった。

大日本蚕糸会の総裁をしておられた頃、蚕糸試験場に行啓されることになった。方面が同じであるため〝よかったら久しぶりに大河原家に立ち寄ってみたい〟と遠慮がちに仰せ出された。私は早速その手配をした。

大河原家の今の主人は、百姓をやめて役所勤めをしている。そのためもあってか、昔とは家の模様も変り、小さくなっている。警察では万事手狭になっているからお立ち寄りはどうか……ということであったが、そんなことはいいではないか、という思召しで、僅か十五分間の予定でお立ち寄りになられた。

行ってみると、家は小さくなり、家のまわりにあったという栗の木もなくなってい た。倉は昔のままに残っていて、倉の前に母家の廊下がある。皇太后は、庭に立ちつくされ、〝この廊下ではよく遊んだ〟と古い農家の板椽をしみじみと見ていられた。

お手植の「乙女椿」も大きくなっていた。〝これは自分が植えた木だがもう知っている人はいない〟と感慨深く見入られた。大河原家では、御養育時代の記念に残されているその頃の襦袢や小さなお足袋などを出して御覧にいれた。なかなかお立ち出でにならず、十五分の予定が三十分ばかりも延びたのも、無理からぬお気持であったと思う。蚕糸会の人たちは待ちくたびれていた。

おばあちゃま皇太后

天皇のご研究に温いご理解と興味

沼津御用邸御滞在中は、よく海岸にお出ましになったが、波打ち際で貝拾いに興じられる。貝拾いといえば少女趣味のようだが、皇太后様の場合は、科学者天皇の影響で、研究的な興味を持っておられ、珍種発見のおつもりであったようだ。珍しい貝類や海うしなど採取され、名前もわからぬようなものがあると、天皇へお送りになった。草木類でもお判りにならぬものがあると、東京へ送ってお尋ねになられた。御自身非常な興味を持っておられたことはもちろんだが、天皇の御研究に協力されるお気持もあったのではないかと思う。

今の皇后様〔香淳皇后〕も、天皇の御研究には「よき理解者」で、その方面の御視察や採集にも御一緒の新聞写真などを拝見して微笑ましくなるが、母陛下の皇太后も、御在世中はずっとこのように興味を持っておられ、実物を送ったり、疑問をお尋ねになったりしておられた。もとより素人のことだから、学界で問題になるというような新発見をされるというわけではないが、母陛下のこのようなお気持は、天皇にも温かく通じられていたことと拝察する。お上（天皇）は本当におしあわせだと思った。

野草のことなども、自然お詳しくなっておられ、食べられる野草の種類もよく知っておられた。終戦直後の食糧難時代には、御自身で食べられる野草を捜して採集され、食膳に用いて御試食になるばかりでなく、拝謁に出た人々にも分け与えられた。

例によって詳しい御説明があって下さるので、みな恐縮したものである。

皇居にお泊りはただ二回

大宮御所は、港区権田原明治記念館の反対側の方から焼けて、建設中だったが、沼津から東京へお帰りになるとき、天皇・皇后両陛下からは、御不自由を察しられて〝是非皇居の方へお出でになるように〟とおすすめになった。それでも皇太后はなるべく皇居には御迷惑をかけまいとされ、非常に御遠慮されるのがつねであった。

私の記憶では僅かに二度ほど皇居にお泊りになられただけである。両陛下は大変お喜びになられるのであったが、皇太后としては決してそれになれようとはなされなかった。深いお考えがあってのことと拝察した。

老市長へのいたわり

あるとき、沼津の駅の方にある香貫山《かぬきやま》という眺めのいい山に登られた。東側から登って西側へ下りるコースをおとりになった。頂上からは全市を一望におさめる展望のよさが大変お気に召した。

この時勝亦〔千城〕という市長が御先導申しあげることになっていたが、神経痛が

おこって足をひきずり、それでもあえぎあえぎおくれながら登ってきた。これを御覧になった皇太后は、

市長は足が悪いようだから無理してはいけない、あとからゆっくり登っておいでなさい、自動車で下り口に待っておればよい。

といたわられた。そして御自身はぐんぐんお登りになった。勝亦市長は当時まだ五十二、三だったと思うが病気には勝てず、大変口惜しがっていたが、皇太后のお元気と、優しいお言葉には感激に堪えぬ風で、おくれながらも、とうとう歩いて登って来た。

引揚寮の少女にもお婆ちゃんと甘えられ

これも沼津御滞在中のことだが、静岡県下の産業施設や社会施設などをよく御覧になった。ある日、引揚者の寮を御慰問になったことがある。引揚者たちは、それぞれ自分の部屋の入口でお迎えしたが、廊下は狭く、みな、ひどいなりをしていて、全く気の毒な有様であった。皇太后も、一瞬胸をうたれたようなお顔色をされたが、さすがにすぐにこにことされて、老人にも子供にも、それぞれ向くように、朗かな激励慰問のお言葉をかけられた。そのとき、まだ四つばかりの女の子が、皇太后のお優しさに打ちとけてしまって、

お婆ちゃん、お婆ちゃんのお靴はいいお靴ね……。

と甘えたように話しかけた。皇太后は、その子の頭に手をおかれて、

おおよく気がついたね、あなたも今に大きくなったらもっともっといいお靴を履けるようになるよ。

と目を細められて頭を撫でながら、

可愛いね、可愛いね……。

と繰り返しておられた。かたわらの親たちは、びっくりして、目がしらを押さえていた。

その時の皇太后のお靴は、横ボタンつきのきわめて地味なもので、別段目立つものではなかったが、子供の眼は不思議なところに親愛感を結びつけるものである。

恵まれぬ人々へ

小学校の運動会にも喜んで

これも沼津御滞在中のことだが、地元で沼津復興記念祭があり、なかなか盛んだったが、その催しの一部として国民学校の運動会があった。市長から台臨《たいりん》のお願いがあ

ったら、子供好きの皇太后は非常なお喜びで、当日を待ちかねるようにしてお出かけになった。職員も生徒も父兄母姉もこの光栄に張り切って元気のいいところをお目にかけた。

〝無邪気な子供の運動会は、ほんとうに気持がいいね……〟

と仰せられて、予定の時間よりも長く二時間余も御覧になった。皇太后は全く子供好きであった。

また、地元の女子商業学校で、珠算の競技を御覧にいれたいとの申し出があったときも喜んでお出ましになった。この学校は珠算教育にはなかなか熱心で、生徒はみなよく熟練していた。中に一人、暗算の天才がいて、相当のケタまで先生が読みあげるのを即座にピタリと暗算してみせた。まだ小学校を出たくらいの小さい女の子であったが、これには皇太后も感じいられ、

〝これは驚いた、実に素晴しい子供がいるものだ……〟

と感嘆しておられた。

ライ院の慰問に道筋まで変更して

皇太后が、不幸なライ者に深い御同情を持っていられたことは、周知の通りである

が、御殿場へお出かけになる道筋にライ病院〔ハンセン病療養所〕の神山復生園《こうやまふくせい》〔病院〕があり、二度ほどお使いとして見舞いに行った。身延山の深敬園《じんきょうえん》にも二度使いにやられた。その都度特に思召しによって、重病者の部屋まで入って御慰問の言葉を伝えねばならなかった。

沼津にいらっしゃるときは、必ず御療養中の秩父宮をお見舞いになられるのであったが、その時はきっと復生園の前を通るようにされ、あらかじめ病院に知らしておいて、その門前で車をおとめになり、見舞いの土産物をお渡しになった。その頃は物資が少いときで、土産物を調達する係の者は相当に苦心した。草花の種子や植木、花など八方を捜してとりよせ、毎度門前で車の中からお渡しになった。御下賜としての形式張った手続は一切なく、ゆきずりの、心からのお見舞いとしてであった。

埼玉県の蚕糸業の視察にお出かけのとき、その朝になってにわかに道筋の変更を仰せ出された。なんだろうと思うと、多磨全生園《たまぜんしょうえん》というライ病院の前を通るように……という思召しであった。道筋の変更は御警衛上のことだけだが、困ったのはお土産物だった。それでも大騒ぎして御出発までにようやく間に合せたが、それほどにつねづねライ者のことは心にかけておられたのである。

これは余談になるが、この皇太后の美わしい御理解・御同情に対し〝皇太后の御関心の深さからライ対策がうるさくなり、隔離されるようになったのだ〟として、逆うらみを述べているものもあるという話を耳にしたこともあった。人の心は千差万別とはいいながら、皇太后の深く温いお心も素直にうけとれぬ人は全く不幸であるというほかはない。

灯台守を危険冒してご慰問

皇太后御生涯中の、特筆すべき御事蹟を強いて求むれば、蚕糸業に対する御奨励、救ライ事業についての深い御関心、そして灯台守に対する御同情からの福祉施設御奨励の三つということができると思う。すべて地味な、世人にかえりみられないような方面に関心を持たれたわけである。

伊豆の古奈《こな》温泉にいらした頃、海上七里の小さな島にある神子元《みこもと》灯台を慰問に行きたいと仰せ出された。灯台局では、この島は上陸困難の危険な島で、岸壁では六尺近くも船が上下し、灯台員の交替に出かけた船も上陸できず引き返すこともある。御慰問の思召しは有難いが、おとり止め願いたいとのことであった。その通り申しあげたら、

〝そういうところこそ慰問したい、行けることもあるのだから行ってみたい〟

と仰せられ閉口した。それでもこの時はおとり止め願った。

その後に下田へお出かけになり、三養荘へ御一泊の翌日、石廊《いろう》岬（石室崎ともいう）の灯台へ、秩父宮妃殿下と御同道で御視察の念願をはたされた。この時は、地元の六十歳ばかりの村長もお伴をし、途中でいろいろ御説明申しあげるのだが、自動車を下りられてから、どんどん急坂を登って行かれるので、老村長は閉口していた。

歓迎文を捧読したいというのだが、その機会がなく、いよいよ灯台を御覧になって、いろいろ御下問や御慰問ののち、岩の中に権現様を祀ってあるところで御小憩があり、村長はここぞとばかり用意の歓迎文をとり出し、読みあげようとするが、岩の中では逆光線で暗くて読めず、ついに皇太后に横向になった。それでも読みづらく絶句している。その歓迎文が皇太后とお傍に立っている私にはよく見えるので、私が小さい声で読む、村長がそれにつけて続けるという滑稽なことになり、とうとう皇太后は吹き出してしまわれた。村長は汗をかいてあわてていたが、皇太后のお笑い声でみな笑い出し、和やかな空気のうちに村長も私もほっとした。

石廊岬への途中、白浜でテングサの作業を御覧になったが、土地のお婆さんたちが、馴れた手つきでテングサを俵みたいにまとめる作業を、面白い、見事だと仰せられて予定時間がすぎるまで御覧になった。働くお婆さんたちへの温いお気持であったと思う。

正直な宇垣大将に微苦笑

石廊岬の灯台を御覧になっての帰途にはいろいろな方面の御見学があって、大変興味深くお喜びになった。

甘木〔天城か〕のトンネル付近で御休憩中には、その地方での昔の鹿狩の話などをお聞きになり、またその地方の特産として有名なワサビの栽培実況を御視察され、大きなワサビ田の持主である鈴木という人から、御説明申しあげた中に、ワサビ田に対する猪の被害の話があった。

〝猪がワサビを食うのか〟

と大変驚かれたが、実は猪の目的はワサビにあるのではなく、湿田にはい上っている小さなカニを捕食するために、ワサビの根についている石コロを掘り起し、折角苦心の栽培を駄目にしてしまう。ワサビは三年くらい経たなければ根が大きくならぬものです……と申しあげたのではじめて納得された。

やはり古奈温泉御滞在の時、有名な幕末砲術の先覚者江川《えがわ》太郎左衛門《たろうざえもん》の旧居に立ち寄られ、昔の苦心築造に成る反射炉を感慨深げに御覧になったこともある。また長岡の国民学校からの申し出をうけられて行啓されたときは、生徒たちがブラスバンドでお迎えし、校庭で長岡女子青年団の娘さんたちが「あやめ踊り」を御覧にいれた。はじめはお泊り所で御覧にいれたいということだったが、大勢なので場所がなく、学校で御覧にいれたのである。

そのお帰り、温泉の街を見物したいからと徒歩でお歩きになった。警察では町長にだけこのことを知らしてあったが、どうして話が伝わったものか、温泉宿の湯治客をはじめ町の人々も表へ飛び出し、ずらり並んでしまった。皇太后は別段お気にされる風もなく、お辞儀をする人々の前では必ず答礼をされながら、気軽にお通りになったが、折角の気散じの御見物が御見物にならなかったのはお気の毒であった。

その温泉町の付近に、宇垣《うがき》〔一成《かずしげ》〕大将の別荘があった。そのことを途中でお話したら、ちょっと立ち寄って行こうといわれる。早速使いの者を走らして宇垣さんに知らしたら、宇垣さんは大急ぎで袴をつけ、門前まで出たところへ、お着きになった。宇垣さんは恐縮感激、老いの眼に涙を流さんばかりの喜びようであった。

門からそのまま庭へお入りになり、しばらくお憩みになったが、廊下にはちょうど出盛りのカボチャが沢山積んであった。

〝これはお前が作ったのですか……〟

とお訊ねになった。沼津御用邸では甘藷をはじめ、いろいろお作りになっていた頃だし、宇垣さんも自分で作ったのだろうと思われたのである。ところが宇垣さんは、

〝いいえ、百姓に頼んで作ってもらいましたので――〟

と正直にお答えした。皇太后は微苦笑されて、

〝そうか、道理で大変よくできてると思った……〟

とひやかされた。宇垣さんは頭をかいて恐縮していた。

その日は、そのまま徒歩で、三養荘にお帰りになった。こんなことは前例のないことだった。

ボロボロの旧型車

皇太后は、滅多にお出ましになることはなく、自動車もあまりお使いにならないためか、その頃までは非常な旧型の古い、速力の遅い自動車を使っておられた。この車は速力を出すと震動が激しく、スピードを出すわけにゆかないので、あまり走らぬようにに特に気をつけねばならぬという厄介な車だった。それでも皇太后は我慢しておられたが、あとの車が迷惑した。皇太后の車を追い越すわけにもゆかず、みなのろのろ行進でつかえてしまう。これではいけないというのでようやく新型を配車され、三養

荘御滞在のとき持って来た。

試乗に乗っていただいて、十国峠までドライブしたら、はじめての新型車で、〝これはいいものだね、気持がいい〟と大変お喜びになった。それ以後、この車で方々にお出かけになった。

蚕糸業と貞明皇后

実際に明るい蚕糸会総裁

大日本蚕糸会の総裁として、蚕業御奨励に種々御熱心であったことは、一般にも知られているし、いわんや業界の人々は深く印象に残っているが、それは単に、表彰式の飾り物で御満足される、形式的な勤めのお気持ではなく、本当に興味と関心を持っておられた。だから蚕糸業の実際についても、相当の知識をお持ちであったし、よく視察にもお出かけになった。御下問も実際に即した点についていろいろ突っ込んだ御質問があった。

これは、産業特に農事に関する産業振興についての、わが皇室の伝統的な御関心の深さの現われであることは申すまでもない。明治天皇以来のことしか私は直接には知らないが、農業一般についてつねに関心をお示しになられたのは、農本国家の伝統を重んじられる思召しであったと思う。

特に、皇太后の場合は、さきに申しあげたように、その御幼時を武蔵野の一農家でお育ちになられたし、農事に関する御理解はひとしお深いものがあった。御理解というよりも、庶民的な生活感情にまで立ちいっておられたのである。雨につけ風につけ、農事のことに思いを及ぼされるのがつねであったし、蚕糸業に対する御関心もその一つであったと拝察する。

×　　×　　×

養蚕、絹業に対する並々ならぬ御関心と御理解のことは、しばしば述べたが、実はこのことは、皇太后となられてからのお手すさびなどということではなく、極端に申しあげれば御生涯を通じての、もっとも恒久的な、そして最大の御関心事であったというも過言ではないのである。

今日の世からすれば、むしろ不思議なことに思われるかも知れないが、事実、貞明皇后は東宮妃時代から養蚕には御熱心であった。いや、まだ九条家にあられた節子姫の頃に、

かぎりなきみ国の富やこもるらんしづがかふこのまゆのうちにも

という歌をつくられている。天絹時代の貿易の花形であった生糸は、まことにわが国にとっては経済界の盛衰を左右する大事な産業であった。その経済価値の国家的認識と、幼時武蔵野高円寺の農家で御生育された庶民的御感情、それらが生涯を通じて深い御関心となったものと思われる。このことは、大日本蚕糸会からも詳細な敬慕追憶の記録が発表されているが、私の拝聞した事実と照し合せて、今少しく申しあげておきたいと思う。

民芸館で黄八丈の原料蚕種をお約束

御晩年、大日本蚕糸会総裁であられたことはさきに申しあげた通りであるが、その頃に駒場の民芸館〔日本民藝館〕にお出ましになったことが二度ほどある。館長は有名な柳宗悦《やなぎむねよし》さんだ。琉球の踊りや、焼き物つくりなどをお目にかけたが、黄八丈の手織りは特に熱心に御覧になった。このとき、柳館長が説明申しあげて、

黄八丈は原料になる糸がないために、だんだんなくなってゆきます。大体日支交配の糸でなければなりませんが、現在のは繭大きく糸も節なくいいものだが、本当の黄八丈はこれでは駄目です。日本在来の小砲丸型か俵みたいなものでなけれ

ば、黄八丈の味は出ないものです。それが最近はどこにもありません。と詳細に申し上げた。

これを聞かれた皇太后は、

それなら自分のところに種子がある。紅葉山（皇居）の蚕糸場にあるはずだ、欲しければ分けてあげよう……。

といわれた。柳館長は大変喜んで、〝それでは後日頂戴に出ます〟ということになった。

崩御のその日に柳館長をお呼出し

昭和二十六年、五月十七日のことであった。この日、皇太后様は、〝約束の種子を渡すから柳を呼びなさい〟といわれ、早速このことを柳館長に電話した。それはお昼ころのことであったと思う。朝からの御気分は平素と少しのお変りもなく元気であられた。そしていつものように、御苑内には愛知県西尾町の遺族会の人々が勤労奉仕に来ていたので、この人たちにあいさつされるため、お出ましの支度にかかろうとされていた。数十人の奉仕の人たちはお玄関の付近に集って、お出ましをお待ち申しあげていた。その時、突如はげしい狭心症の発作が起ったのである。

発作間もなく失神状態となられ、折柄在殿中の小原侍医によって注射その他、懸命の努力が試みられたが、そのかいなく、午後四時ころにはついに崩御遊ばされた。全く突然の崩御で、私どももあまりの急変にただ茫然となるばかりであった。

崩御の数時間前に、民芸館での約束をはたしたい、黄八丈の原料糸をとる種子蚕を渡すから、柳を呼べと仰せ出されたことは、偶然とはいえまことに奇しくも深い斯道への思召しの現れであると言わねばならぬ。

その日は、このような大変でそれどころではなくなったが、のち、この次第を皇后陛下に申しあげ、蚕種のお下げ渡しを頂戴して柳館長に伝達し、御在世時の思召しをはたすことができた。

黄八丈という民芸的な一つの織物に示されたこの御関心、この一つを拝しても、皇太后のそれは余暇のお遊びごとではなかったのである。

国利民福という言葉が、真面目につかわれていた時代、それは明治に始まって終戦前まで生きていた「時代の思想」であった。国家と国民に対する愛情が確固たる責任感となっていた。そういう時代精神の権化として皇室のお姿があったと私は確信しているのである。

苦難時代のご晩年

私の記憶のほかに、さきにも述べたように財団法人大日本蚕糸会から「貞明皇后」という立派な記念出版が昭和二十六年に出た。これは御在世中の蚕糸業に対する御高恩に感謝した同会の人々が、非常に熱心に微細にわたる調査資料にもとづいて執筆上梓したものだが、非売品であるため、広く一般に普及されてはいないだろう。その内容は貞明皇后様の御生涯にわたるもので、決して蚕糸業に関する記録だけではない。折角のことだから、その中の特に印象深い部分で、皇太后となられて以来のことをふれておきたい。

大正天皇崩御に深き悲愁のご心境

大正十五年十二月二十五日の未明、大正天皇は葉山御用邸で崩御された。貞明皇后は四十一歳〔正しくは満四十二歳〕にして皇太后となられたのである。

天皇の御遺体とともに、葉山をお立ちになるとき、皇太后は、再びこの悲しみの地を踏むまいと心に思い定められたという。それは単なる感傷からではなかった。苦悩と悲愁なしには思い出せない葉山への御印象と御心境が、この決意となったものであった。しかし、このことが土地の人々に洩れては、何かと差しさわりがあろうとのお心やりから、係り員には、調度品の片づけなどはなるべくひそかにして引きあげるようにとの御言葉があった。

大正天皇の多摩御陵の御造営についても、いろいろと心を砕かれたが、先帝が愛された植木や盆栽の類は、すべて宮中から御陵附近に移植された。その数は非常に多く、その後御参拝の折りには感慨ふかく御覧になられた。特に御陵参道両側の北山杉並木は先帝の御愛木だったが、年々に繁茂し、今日では昼なお暗きほど森厳な美観となっている。

御所は狭くても帝陵御拝の神殿を

大正天皇の大喪儀を終えて、宮城から青山東宮御所へ移られたのは、昭和二年の二月であった。それから三年たって五年五月に大宮御所の造営が成った。その当時のことを、東久世《ひがしくぜ》〔秀雄〕元内匠頭はつぎのように語っている。

昭和五年に天皇陛下から、皇太后の御殿を建てるようにとの思召しを拝して、大宮に御所を建てたのであるが、御殿は全体で三百五十坪ぐらいあった。しかし皇太后様のお使いになる御用の間は、僅かに四間ぐらいしかなかった。それではお狭くはないでしょうか、と申しあげたところ、〝自分の方は狭くてもよいが、多摩陵の方に向って御拝が出来るように御神殿（拝殿と御影の間）を建ててくれ〟と仰せられ、その通りに完成した。

この大宮御所にちなんで、それ以来、皇太后様を「大宮様」と親しい気持でお呼びするものが多くなった。

ご生活上の費用きりつめて仁慈に

大宮様は、御自身の御生活上の費用はできるだけ切りつめて、それを社会の気の毒な人々を慰めたり、救ったりする役に立たせたいというお気持を絶えず持っていられた。

特にライ者と、これを救護する事業につくしている人々のまごころには深く御感動になり、しばしば御下賜金や御下賜品の沙汰があったことは、さきに述べた通りであるが、昭和五年の十一月には内務大臣に賜った救ライ資金を基にして翌六年に財団法人ライ予防協会が組織され、また一方それまで政府が相当の予算を計上しようとしても、思うように進捗しなかった国庫支出の救ライ費も、皇太后の思召しに感奮して無事に国会の協賛を得られるようになった。
皇太后の無言の御仁慈が国会を動かすにいたったのである。今日の救ライ事業の発展はこの時に第一歩を踏み出したというも過言でなかろう。

皇太后生活二十五年

皇太后となられてからの二十五年間の、世の移り変りをふり返ってみると、その前半は比較的静穏であった。しかし日華事変以後は波瀾万丈で、世界情勢の激動につれて、日本の運命も狂瀾怒濤に奔弄され、夢にも思わなかった滄桑《そうそう》の変に遭って、国歩は文字どおり艱難《かんなん》をきわめ、皇室をはじめとして民生の苦悩もまた言葉につくせぬものがあった。

この間に処して大宮様は胸中たえざる傷心を抱かれながら、ただ黙々としてこの苦難のうちを歩まれた。そして常に一切の華美と娯楽を遠ざけられ、さながら終身の喪に服していられるかのような、おいたわしい日常を送られた。

そうかといって、全くの世捨人のごとく世の中とかけ離れた生活を送られたのではなかった。ただ表に立って公式に活動されなかっただけで、皇后時代とは比較にならないほどの自由さで、ひそかに御自身のお志によって国民にも接触された。しかし、日常においても、また一年間に見ても――終戦前後の明け暮れは概して単調で、それが長い間、静かにくり返されていたのである。

先帝在すがごとく朝の勤めのご報告

毎日の御生活は規則正しいものであった。それはものごとに筋目を立ててきっちりと処理される御性格によるものであったが、また一つには非常に御健康であられたためでもあった。毎日の御起床は七時半ごろ、たとえ早く目をさまされても、女官たちの仕事の手順を乱すまいとのお心づかいから、出し抜けに早くお起きになるようなことはされなかった。お朝食は梅干とお茶であっさりすまされる。それから朝のお勤めがあった。

朝夕のお勤めは、大正天皇の御霊に奉仕されるのであるが、毎日十時半から十一時半までは、先帝の御影を祀られた八畳の室で読経される。その室は冬でも一切火の気がなく、座布団もお使いにならなかった。さながら先帝まのあたりに在《ま》しますがごとく、「昨日はこういうことがありました」とか「誰それがこんなものを献上しました」などと御報告になるのであった。

お昼食は十二時半頃から食堂で召し上り、そのまま献上品・新聞などご覧になられる。終戦後は御苑の清掃のために、全国各地から出て来た勤労奉仕者たちの奉仕が終ったところで（午後三時から三時半ごろまでに）その人たちに親しくご挨拶があり、時として御苑内を散歩される。それから午後の五時から一時間、夕べのお勤めをされ、御寝になるのはたいてい十二時、時としては午前一時になることもあった。

大帝の御遺徳か皇室に質素の伝統

思い出はなおつきぬが、このあたりで一応打ち切りにしようと思う。私ははじめにのべたように、明治天皇のお側に上って以来五十年の宮中奉仕を続けたが、明治天皇の御英明・御仁慈・御質素は、私の生涯に深い感銘となっている。続いて大正天皇・貞明皇后にお仕えしてうけた感銘も全く同様であって、やはり明治天皇の御身をもって示された尊い御垂範が、そのままうけつがれていたものと拝察するのである。

あとがき

角田時雄

この間、清宮貴子内親王が、島津久永氏の許へ御降嫁あらせられた時、お仲人役を勤められた坊城俊良氏は、今伊勢神宮大宮司の重職を勤められているが、明治三十五年、僅かに十歳にして侍従職出仕として、明治天皇のお側に召し出されて以来、他の人の場合には少年期をすぎれば側近の勤めは解任となるならわしであったのに、そのまま十年、明治四十五年七月三十日午前零時すぎ、大帝崩御のその時まで、不世出と仰がれた大帝のお側近く、終始奉仕された人である。

その後、大正天皇に仕えられたのち、狩猟寮・式部職などを歴任され、のち皇太后宮大夫（節子皇太后・貞明皇后）に任ぜられ、昭和二十六年五月十七日、皇太后崩御あらせられるまで、実に前後五十年の久しきにわたって宮中に奉仕された。戦前にいわれた「人生五十年」の通念からすれば、まさに生涯を捧げられたにひとしい。

皇太后崩御あらせられてのち、坊城氏は五十年の宮中奉仕から身を退かれ、その後しばらくして、請われるままに東京大神宮の宮司となられた。現在千代田区富士見町にある東京大神宮社殿の一部は、旧前田侯邸を改築されたものであるが、改築以前、かつて明治天皇が臨御された当時の御居間は、今もって「明治天皇臨御の間」として残されている。つきせぬ君臣の縁でもあろうか。その頃、筆者は東京大神宮で初めて坊城宮司にお目にかかり、宮中奉仕五十年の御前歴、特に我々の敬慕措《お》く能《あた》わざる明治天皇側近奉仕五十年のことを聞くにつけ、たとえ大帝の御片鱗だにも、今まで世に知らしめられなかったお話を伺い得たならば、どんなにか幸福であろうと思った。思いつくと矢も楯もなく、早速お願い申しあげたところ、

「子供の頃のことではあり、難かしいことは憶えていない、それでも、私の記憶にある範囲のことなら協力しましょう。」

と答えられた。それから、お暇の折々、月に数回、思い出を語っていただき、それを筆記して伊勢春秋に連載しはじめた。

第一回のお話を筆記して帰った夜には、眠られぬほど昂奮していた。何故なら、坊城氏のお話は、遠い昔のことではあっても全くの生まのお話であり、いささかの誇張も粉飾もなく、善きにつけ、悪しきにつけ、刺戟を求める記者的感覚からすれば、も

の足らぬほどに真実にして純粋そのものであった。静かに語り出される思い出を通して、いわゆる大帝でも、畏れ多き至尊でもない、ありのままなる明治天皇の、慈父のごときお姿がありありと拝せられたからである。私は、そのことに昂奮し感激した。それでも、数回目の口述を承るとき、記者的希望意見を述べたことがある。それは、今の世の混迷を思い、時代人心への啓蒙として、国事に対せられた場合の、明治天皇の特に偉大と申しあげるべき公的な面について、語っていただきたいということであった。また外地で終戦を迎えた筆者の経験、中国の一僧侶が「日本は、明治天皇の教訓を忘れて敗戦の悲運を招いた、しかし、再び明治天皇の教えを思い、明治の精神に返れば、今度こそ日本は偉大なる指導的国家となる」と慰めてくれた事実などを並べ立てて、も少し高姿勢のお話を承りたいとお願いしてみた。その時、坊城氏は、

「最初に申しあげたように、私の直接知っていること以外は、附焼刃で申しあげることは出来ません。私は表御殿のこと、政治向のことなど一切知りもせず、知ってもならぬ単なるお側仕えでした。その後に、いろいろ見たり聞いたりしたことはあってもそれは私の責任で申しあげることではない。」

ときっぱり断られた。さすがに公私・表裏の別の御立派さに頭が下ったのである。

その後、徳富蘇峰先生から、

「坊城さんの話は大変嬉しく拝見しているが、もっと突っ込んだ話もあってよかろうと思う。今日の世相人心から考えて、坊城さんが先輩や友人などから聞かれたであろう公的な面の御逸話も織り込んだら、どんなものかと思う。これは私の希望として坊城さんに伝えて下さい。」

といわれた。私は、すでに同様の希望を申しあげた際の、坊城氏の態度をそのままに説明したところ、蘇峰先生は、

「なるほど、そうでしたか、たとえ大帝すでに在《お》わさずとも、宮内官は辞めても、その節度を崩されないのは立派だ。」

と感嘆された。

坊城氏のお話は、すべて、ありのままなる思い出である。そこに、髣髴として、明治天皇も、大正天皇も、昭憲皇太后も、貞明皇后も在わすがごとく、私には聞かれた。ただ憾《うら》むらくは私の筆の拙さの上に、お話の内容からして、徒らなる文飾を差し控えねばならなかったことである。終始謹みてこの稿を草したことだけが、私のひそかなる自慰である。

この書を世に送ることは、早くから坊城氏にお約束申しあげていたことであった。伊勢湾台風による神宮御被害のこともあり、社の組織変更のことなどもあって、延び

延びになっていたが、安岡正篤先生の御激励、明徳出版社の御協力によってようやく約を果すことができた。衷心より感謝の意を表します。

（昭和三五・四・二〇・逗子桜山荘にて）

解説　現在の皇室批判にもつながる証言

原　武史

本書が、著者の坊城俊良と付き合いの深かった元慶應義塾塾長・小泉信三《こいずみしんぞう》の「序」、新聞伊勢春秋主筆・角田時雄《つのだときお》の「あとがき」を付して明徳出版社から刊行されたのは、皇太子明仁《あきひと》と皇太子妃美智子《みちこ》が結婚した翌年の一九六〇（昭和三十五）年。二〇一六年に講談社学術文庫として再刊された山川三千子《やまかわみちこ》『女官《じょかん》』が実業之日本社から刊行されたのと同じ年であった。どちらも、元宮中側近が知られざる「お濠の内側」の世界を生々しく語った回想録である。

山川三千子は、数え十八歳だった一九〇九（明治四十二）年に皇后宮職の女官となり、大正になっても引き続き明治天皇の皇后だった美子《はるこ》（昭憲《しょうけん》皇太后）に仕えて一四（大正三）年に退官したから、宮中で暮らしたのはわずか五年にすぎない。一方、坊城俊良は、数え十歳で侍従職出仕として明治天皇に仕え始めた一九〇二（明治三十五）年から、皇太后宮大夫として仕えた皇太后節子（貞明皇后。節子は「さだこ」と読む。七七頁に「貞子」とあるが、「節子」が正しい）が死去する五一（昭和二十六）年までの半世紀にわたって宮中側近をつとめた。

内容もきわめて対照的である。講談社学術文庫版『女官』の「解説」で記したように、山川三千子はいたずらに天皇や皇后を礼賛することはせず、大正天皇や貞明皇后に対する複雑な感情を隠そうとしなかったのに対して、本書で坊城は、直接仕えた明治天皇や大正天皇や皇太后節子はもとより、皇后美子や昭和天皇の弟、秩父宮についても、ひたすら褒め上げることに終始している。

山川と比べて宮中生活が長かったがゆえの自然の振る舞いのように見えなくもないが、このことが直ちに本書の学術的価値を貶《おとし》めているわけではない。むしろ、本書の記述からは、二〇一六年八月八日の「象徴としてのお務めについての天皇陛下のおことば」（以下、「おことば」）で天皇明仁が定義づけた現代の象徴天皇制を見直す上で貴重な証言を見いだすことができる。

まずは、少年期に仕えた明治天皇の振る舞いについて語る文章に注目したい。坊城は、明治天皇が御用邸を一度も利用しなかったことに触れるとともに、天皇が外出を極力控えた理由をこう述べている。

それは、御質素・御経済のお考えばかりでなく、お出かけになった場合の、官吏や一般国民の迷惑、大騒ぎさせることの無駄を、気の毒がっておられたのであった。

陸軍の大演習、海軍の観艦式・進水式、または学校などには公務としてお出かけになった。一度大阪の内国勧業博覧会に御奨励のためお出かけになり、お留守になったことがあったが、その他には全くお出かけにならなかった。(二七頁)

坊城が仕えたころの明治天皇は、必要最小限の行幸しかしなかった。それは天皇がひとたび外出するや、大がかりな警備や規制がしかれ、国民生活に重大な影響が及ぶことをわかっていたからだと言うのである。

これを「おことば」と比較してみよう。「おことば」で天皇明仁は、「日本の各地、とりわけ遠隔の地や島々への旅」を「天皇の象徴的行為」に位置付けている。ほぼ全国を旅することで、「国内のどこにおいても、その地域を愛し、その共同体を地道に支える市井《しせい》の人々」がいることを認識させられたと言うのだ。「国民を思い、国民のために祈るという務め」は、頻繁に行幸を行い、人々に直接会うことによって初めて果たされるという考え方がここにはある。

明治天皇の考え方は、これとは全く対照的である。

大日本帝国憲法下の明治時代と日本国憲法下の現在では、行幸に伴う警備や規制の規模が違うではないかという異論があるかもしれないが、そうではない。例えば二〇一七年一一月の天皇皇后の鹿児島県行幸啓に同行した日本経済新聞社編集委員の井上亮《まこと》は、「屋久島から沖永良部島のホテルに着くまで、異様に感じたのは警察の尋常でない警備態勢だ。地方行幸啓ではつきものの『過剰警備』だが、今回は『こんな小さな島で、これほどの人数が必要なのか』と思えるほど警官の姿が目立った」と述べている（『象徴天皇の旅――平成に築かれた国民との絆』、平凡社新書、二〇一八年）。こうした警備や規制が、昭和から平成にかけてずっと行啓や行幸啓のたびに繰り返されてきたのである。しかし「おことば」には、自分たちが外出することで警備が過剰になり、国民生活に影響が及ぶことに対する自覚的な言及はない。

私たちの多くは、頻繁に地方を訪れ、人々と言葉を交わす天皇や皇后の姿に半ば慣れてしまっているから、「おことば」に対してもさほど違和感をもたなくなっている。しかし本書を読むと、行幸を控えることが、かえって国民を深く思うことにつながるという考え方もあることがわかる。

大正天皇についてのエピソードも興味深い。

大正天皇は明治天皇とは異なり、自らが周囲に影響を与える立場にいることを極力打ち消そうとした。本書では、皇太子時代に沼津御用邸から自転車に乗って近くの家を突然訪れたり、天皇になっても青山御所から宮城への道筋をわざと変更したりしたことが語られている。

拙著『大正天皇』(朝日文庫、二〇一五年)で詳しく触れたように、その人間性は皇太子時代の度重なる地方への行啓でいかんなく発揮された。あらかじめスケジュールの決まった平成の行幸啓ではあり得ない自由な振る舞いを繰り返し、新聞に大きく報道されたのだ。坊城は明治天皇とは異なる大正天皇の性格を非難するどころか、温かい眼差しを注いでいる。そして天皇になってから「大正流」を貫くことができず、体調を崩したことに心からの同情を寄せている。

終戦後、占領政策の要請とかで、わざわざ〝人間天皇〟の御宣言があったが、私たちからいわせると、不思議でもあれば不可解でもある。大正天皇のごときは、もっとも人間的な、しかも温情あふるる親切な天皇であられた。(七八頁)

「〝人間天皇〟の御宣言」というのは、一九四六（昭和二十一）年一月一日に昭和天皇が発した「新日本建設ニ関スル詔書」のことだ。この詔書で天皇は、自らを「現御神《アキツミカミ》」（現人神《あらひとがみ》）とする考え方を「架空ナル観念」として否定した。これを「第一の人間宣言」とし、天皇明仁が退位の意思を強くにじませた「おことば」を「第二の人間宣言」と位置付ける有識者も少なくなかった。

しかし坊城の文章は、こうした見方を一蹴する。

坊城に言わせれば、大正天皇こそが最も人間的な天皇であり、逆にわざわざ「〝人間天皇〟の御宣言」をしなければならない天皇というのは一体何なのかという思いがあった。確かに大正天皇に比べれば、昭和天皇は「神」であり、前述したような行啓での過剰な警備や規制を見る限り、天皇明仁といえどもまだ「人間」になりきれていない。「天皇が人間ならば、もっと、つつましさがなければならぬ。天皇が我々と同じ混雑の電車で出勤する、それをふと国民が気がついて、サアサア、天皇、どうぞおかけ下さい、と席をすすめる。これだけの自然の尊敬が持続すればそれでよい」と坂口安吾が「天皇陛下にささぐる言葉」（『坂口安吾全集』15、ちくま文庫、一九九一年所収）で言うところの「人間」には、まだなっていないのである（この点については、拙稿「デモクラシーと『国体』は両立するか？――戦後日本のデモクラシーと天皇制」、水島治郎・君塚直隆編『現代世界の陛下たち――デモクラシーと王室・皇室』、ミネルヴァ書房、二〇一八年所収を参照）。

坊城が宮中生活の最後に当たる占領期に仕えたのが皇太后節子（貞明皇后）であった。貞明皇后は、一九二六（大正十五）年十二月に大正天皇が死去してから五一年五月に急死するまで、約二十五年間にわたって「大宮様」と呼ばれる皇太后の地位にあった。

この間に処して大宮様は胸中たえざる傷心を抱かれながら、ただ黙々としてこの苦難のうちを歩まれた。そして常に一切の華美と娯楽を遠ざけられ、さながら終身の喪に服していられるかのような、おいたわしい日常を送られた。

そうかといって、全くの世捨人のごとく世の中とかけ離れた生活を送られたのではなかった。ただ表に立って公式に活動されなかっただけで、皇后時代とは比較にならないほどの自由さで、ひそかに御自身のお志によって国民にも接触された。しかし、日常においても、また一年間に見ても――終戦前後の明け暮れは概して単調で、それが長い間、静かにくり返されていたのである。（一三一～一三三頁）

自らが仕えなかった時期の皇太后節子につき、坊城は右のように語っている。

だが、宮内公文書館所蔵の「貞明皇后実録」をはじめ、『高松宮日記』第八巻（中央公論社、一九九七年）や『続・現代史資料4　陸軍　畑俊六日誌』（みすず書房、一九八三年）など、本書が刊行されてから公開ないし刊行された第一級の史料や資料は、いずれも「ただ黙々としてこの苦難のうちを歩まれた」「終戦前後の明け暮れは概して単調で、それが長い間、静かにくり返されていた」とする坊城の回想を見事なほど裏切っている。

なぜなら、戦中期の皇太后節子は戦勝を最後まで祈り続ける一方、昭和天皇に対抗して戦地から帰還したおびただしい数の軍人と大宮御所で面会し、激励の言葉をかけていたからだ（拙稿「戦中期の天皇裕仁と皇太后節子」、御厨貴編『天皇の近代――明治一五〇年・平成三〇年』、千倉書房、二〇一八年に所収）。占領期の皇太后は、そうした過去をいっさい封印したまま、あたかも戦争とは一切関わりがなかったかのように振る舞っていたのである。

皇太后節子の四人の子供（昭和天皇、秩父宮、高松宮、三笠宮）のうち、彼女が最も愛情を注いだのが、誕生日が同じ六月二十五日の秩父宮だったと言われている。本書には、秩父宮が結核のため静養していた静岡県の御殿場を、晩年の皇太后がしばしば訪れたことが記されている。

皇太后節子を慕っていた坊城は、秩父宮の態度もまた高く評価している。他方で昭和天皇については、明治から大正にかけて、後の秩父宮や高松宮と一緒にいたときの回想（八〇～八三頁）や、一九四六（昭和二十一）年六月に訪れた静岡県の沼津で皇后、皇太后と顔をそろえた場面（一〇〇～一〇三頁）を除いて記されていない。

その背景には、皇太后節子や秩父宮とは異なり、本書の刊行当時、昭和天皇がまだ生きていたという事情があっただろう。ただ「〝人間天皇〟の御宣言」に対する批判的な記述から察するに、評価は大正天皇ほど高くはなかったのではないか。坊城が明治天皇に仕え始めた前年に生まれたこの天皇への言及を周到に避けていることで、ますますその印象は強まるのである。

（放送大学教授）

KODANSHA

本書の原本は、一九六〇年に明徳出版社より刊行されました。

本文中に、「ライ者」「ライ病院」や「小使」等、現在では差別的な表現を用いた記述がありますが、著者が故人であること、本書に描かれた時代と歴史的資料性などを考慮し、原文のままとしました。「ライ者」は、おもにハンセン病の患者・回復者をさし、歴史的に、厳しい隔離政策により社会から排除され、差別されてきました。しかし現在では、ハンセン病はかつて考えられたような強い感染力を持つ不治の病や遺伝病ではないことがわかっており、治療薬の開発により、ほぼ完治可能な病気となっています。皆様には、以上の点をご理解のうえお読みいただけますよう、お願いいたします。

本書は、平成三〇年九月二六日に著作権法第六七条第一項の裁定を受け刊行されたものです。

坊城俊良（ぼうじょう　としなが）

1893―1966年。伯爵・坊城俊章の四男として生まれる。1902年に明治天皇に侍従職出仕として仕えて以来，宮内省式部官，式部次長，皇太后宮大夫など，宮中に約50年務めた。退官後は，東京大神宮宮司，伊勢神宮大宮司を歴任した。

講談社学術文庫

定価はカバーに表示してあります。

宮中《きゅうちゅう》五《ご》十年《じゅうねん》

坊城俊良《ぼうじょうとしなが》

2018年10月10日　第１刷発行
2025年２月12日　第２刷発行

発行者　篠木和久
発行所　株式会社講談社
　東京都文京区音羽 2-12-21 〒112-8001
　電話　編集（03）5395-3512
　　　　販売（03）5395-5817
　　　　業務（03）5395-3615
装　幀　蟹江征治
印　刷　株式会社広済堂ネクスト
製　本　株式会社国宝社
本文データ制作　講談社デジタル製作

2018　Printed in Japan

ISBN978-4-06-513382-8

「講談社学術文庫」の刊行に当たって

これは、学術をポケットに入れることをモットーとして生まれた文庫である。学術は少年の心を養い、成年の心を満たす。その学術がポケットにはいる形で、万人のものになることは、生涯教育をうたう現代の理想である。

こうした考え方は、学術を巨大な城のように見る世間の常識に反するかもしれない。また、一部の人たちからは、学術の権威をおとすものと非難されるかもしれない。しかし、それはいずれも学術の新しい在り方を解しないものといわざるをえない。

学術は、まず魔術への挑戦から始まった。やがて、いわゆる常識をつぎつぎに改めていった。学術の権威は、幾百年、幾千年にわたる、苦しい戦いの成果である。こうしてきずきあげられた城が、一見して近づきがたいものにうつるのは、そのためである。しかし、学術の権威を、その形の上だけで判断してはならない。その生成のあとをかえりみれば、その根は常に人々の生活の中にあった。学術が大きな力たりうるのはそのためであって、生活をはなれた学術は、どこにもない。

開かれた社会といわれる現代にとって、これはまったく自明である。生活と学術との間に、もし距離があるとすれば、何をおいてもこれを埋めねばならない。もしこの距離が形の上の迷信からきているとすれば、その迷信をうち破らねばならぬ。

学術文庫は、内外の迷信を打破し、学術のために新しい天地をひらく意図をもって生まれた。文庫という小さい形と、学術という壮大な城とが、完全に両立するためには、なおいくらかの時を必要とするであろう。しかし、学術をポケットにした社会が、人間の生活にとってより豊かな社会であることは、たしかである。そうした社会の実現のために、文庫の世界に新しいジャンルを加えることができれば幸いである。

一九七六年六月

野間省一

2510
佐藤弘夫著
「神国」日本
記紀から中世、そしてナショナリズムへ

「神国」思想は、日本の優越性を表すものでも、排他的なものでもなかった。日本の神国思想の形成過程と論理構造を解読し、近世・近代への変遷を追う千年の精神史。既成概念を鮮やかに覆す思想史研究の意欲的な挑戦！
電 P

2518
井上寿一著
日中戦争
前線と銃後

意図せずして戦端が開かれ、際限なく拡大する戦争。そこに労働者も農民も地位向上の希望を賭け、兵士は国家改造の夢を託す。そして国民の熱狂は大政翼賛会を生み出した。多彩な史料で描く戦時下日本の実像。
電 P

2522
神田千里著
島原の乱
キリシタン信仰と武装蜂起

関ヶ原合戦から約四十年、幕府を震撼させた大蜂起はなぜ、いかにして起きたか。「抵抗」「殉教」の論理だけでは説明できない核心は何か。壮絶な宗教一揆の実相を描き出し、歴史的意味を深く問う決定的論考。
電 P

2527
坊城俊良著（解説・原　武史）
宮中五十年

著者は伯爵家に生まれ、明治三五年、宮中に召し出された。一〇歳の少年が間近に接した明治天皇は、厳しく几帳面ながら優しい思いやりを見せる。大帝崩御の後も昭憲皇太后、貞明皇后らに仕えた半世紀の回想。
電 P

2536
ジョン万次郎述／河田小龍記／谷村鯛夢訳／北代淳二監修
漂《ひょう》巽《そん》紀《き》畧《りゃく》
全現代語訳

土佐の若き漁師がアメリカに渡り「西洋近代」と出会った。鉄道、建築、戦争、経済、教育、民主主義……幕末維新に大きな影響を与えた「ジョン・マン」の奇跡的な記録。信頼性が高い写本を完全現代語訳に。
電 P

2540
山田孝雄著（解説・鈴木健一）
君が代の歴史

古今和歌集にあったよみ人しらずの「あの歌」は、いかにして国歌になったのか、種々の史料から和歌としてのなりたちと楽曲としての沿革の両面でたどる。「最後の国学者」が戦後十年を経て遺した真摯な追跡。
電 P

日本の歴史・地理

2546
潜伏キリシタン　江戸時代の禁教政策と民衆
大橋幸泰著
近世では一部のキリシタンは模範的な百姓として許容され、本当の悲劇は、近代の解放後に起こった。近世の宗教弾圧を検証し、「隠れ切支丹」の虚像を覆す。大浦天主堂の「信徒発見の奇跡」は何を物語るのか。
電P

2554
元号通覧
森　鷗外著（解説・猪瀬直樹）
一三〇〇年分の元号が一望できる！　文豪森鷗外、最晩年の考証の精華『元号考』を改題文庫化。「大化」から「大正」に至る元号の典拠や不採用の候補、改元の理由まで、その奥深さを存分に堪能できる一冊。
電P

2556
本能寺の変
藤田達生著
なぜ明智光秀は信長を殺したか。信長は何と戦い、何に負けたのか。戦国時代とは、室町幕府とは、日本の中世・近世とは何か。史料を丹念に読み解くことで、日本史上最大の政変の深層を探り、核心を衝く！
電P

2572
満鉄全史　「国策会社」の全貌
加藤聖文著
一企業でありながら「陽に鉄道経営の仮面を装い、陰に百般の施設を実行する」実質的な国家機関として大陸に君臨した南満洲鉄道株式会社の誕生から消滅まで。年表、首脳陣人事一覧、会社組織一覧付き。
電P

2573
戦国時代
永原慶二著（解説・本郷和人）
大名はいかに戦ったか。民衆はいかに生き抜いたか。そして日本はいかに変容したか。戦後日本史学の巨人が戦国時代の全体像を描き出した決定的論考。戦乱の実像と時代の動因を、明晰かつ生き生きと描く名著！
電P

2581
執権　北条氏と鎌倉幕府
細川重男著
なぜ北条氏は将軍にならなかったのか。なぜ鎌倉武士はあれほど抗争を繰り返したのか。執権への権力集中を成し遂げた義時と、得宗による独裁体制を築いた時宗。二人を軸にして鎌倉時代の政治史を明快に描く。
電P

日本の歴史・地理

2585
天皇陵 「聖域」の歴史学
外池 昇著

二〇一九年、世界遺産に登録された百舌鳥・古市古墳群。巨大古墳はなぜ、仁徳陵とされたのか。幕末以降の「天皇陵決定」の歴史を解明し、近世・近代史研究の立場からあらゆる論点を検証。「歴代天皇陵一覧」を掲載。

電P

2588
中世の罪と罰
網野善彦・石井 進・笠松宏至・勝俣鎮夫著（解説・桜井英治）

悪口は流罪、盗みは死罪……時に荒々しくも理不尽にも思える中世人の法意識とは？ 十篇の珠玉の論考から、時の彼方に失われた不思議な中世日本の姿が見えてくる。稀代の歴史家たちによる伝説的名著！

電P

2592
英雄伝説の日本史
関 幸彦著

平将門、蘆屋道満、菅原道真ら歴史の敗者は、いかに語り継がれ、時代を超えて蘇ったか。古典文学から近代の国定教科書まで、伝説の中に中世史の再発見を試みる。義経は、こうしてチンギスハンになった！

電P

2604
南朝全史 大覚寺統から後南朝へ
森 茂暁著

謎多き南朝。その実像は、政治・文化的実体をともなった本格政権だった。幕府に対し劣勢に立ちながら長きにわたり存続できたのはなぜか。厖大な史料を博捜し、大覚寺統から後南朝まで三百年を描き切る決定版。

電P

2614
武士の町 大坂 「天下の台所」の侍たち
藪田 貫著

「天下の台所」は町人だけのものではなかった！ 大坂城や町奉行所で多くの武士たちが仕事をし、生活を楽しみ、そして歴史を動かしていた。日記や文書、絵図面など多彩な史料を駆使して描き出す快心作！

電P

2621
上杉謙信
井上鋭夫著（解説・山田邦明）

やがて信長をも破った「越後の龍」はどのように歴史の表舞台に躍り出たのか。国衆に手を焼きながらも強国へとまとめあげていく波瀾万丈の生涯を、達意の文体であざやかに活写する。謙信伝の古典的名著！

電P

日本の歴史・地理

2623
坂本太郎著（解説・五味文彦）
日本の修史と史学　歴史書の歴史
『古事記』、『日本書紀』から明治政府の編纂事業に至るまで、歴史書の特色を明快に紹介しつつ、一三〇〇年の歴史叙述変遷の軌跡を描き出す。戦後日本史学の礎を築いた著者による、第一級の史学入門！

2626
臼井勝美著
満州事変　戦争と外交と
「満州国」成立直前――流血の大地で何が起こっていたのか。排華暴動、日本商品ボイコットなど緊迫する大陸の様相を丹念に追い、泥沼の十五年戦争の端緒を克明に描き出す。日中外交史の古典的名著。

2629
堀越正雄著
江戸・東京水道史
膨張を続ける街は常に水不足と闘っていた。家康入城から淀橋浄水場が役目を終える昭和まで、治水を通して技術の進化と市民生活の変貌を描く。東京都水道局で実務に携わった著者渾身の「水道の文化史」。

2631
原　武史著（解説・鹿島　茂）
「民都」大阪対「帝都」東京　思想としての関西私鉄
小林一三は、「政治中心」の東京に対して、大阪を「民衆の大都会」と呼んだ。帝都を凌駕する「民衆の都」はいかにして創出されたか？　関西私鉄を媒介として日本近代思想史を見事に描ききった著者代表作。

2632
榎本　渉著
僧侶と海商たちの東シナ海
利を求め危険を顧みずに海を闊歩する海商たち、その助力を得て最新知見を求めて大陸へ渡った僧侶たち。列島を「外」と繋いだ彼らの足跡から海域交流の実相に迫り、歴史世界としての東シナ海を描き出す！

2643
藤田　覚著
〈名奉行〉の力量　江戸世相史話
与力が語った意外な「名奉行」の力量とは？　将軍吉宗の肉声から年利一二〇〇％の超高利金融の実態まで、第一人者が知られざる江戸のリアルを描く。読めばもっと江戸が好きになる珠玉の掌編の数々！

《講談社学術文庫　既刊より》

日本の歴史・地理

2666
一外交官の見た明治維新
アーネスト・メイスン・サトウ著／鈴木　悠訳

薩英戦争と下関戦争、開港をめぐる激しい外交戦、熱い政治談義、刺激的な国内旅行、そして戊辰戦争――西郷隆盛ら要人と親交を深め、当時もっとも日本を深く知った外国人が、渦中から激動を描き出す幕末記。

2671
日本冷戦史　1945―1956
下斗米《しもとまい》伸夫《のぶお》著

日本こそが冷戦の起点であり、戦場そのものであった！　旧ソ連はじめ各国の史料を丹念に掘り起こし、戦後日本政治史と国際政治史を一貫した視点で活写しその動因を探らんとする話題作、全面増補改訂。

2675
阿蘭陀通詞
片桐一男著

鎖国と呼ばれた時代に西洋世界との窓口となった長崎・出島の通訳官たちは、いかにして難解なオランダ語を学び、仕事を成し遂げたのか。知られざる才人たちの苦闘を、第一人者が膨大な史料から描き出す。

2678
ええじゃないか　民衆運動の系譜
西垣晴次著

幕末の熱狂的乱舞はどのように始まり、広がったのか。各地の史料を掘り起こし、その全貌を明らかにした労作。さらに古代以来の伊勢信仰や、近世のおかげ参り、「世直し」を願う民衆の心情から分析する。

2690
平安王朝
目崎徳衛著（解説・佐藤全敏）

花ひらく貴族文化と、解体されゆく律令体制。桓武天皇による遷都から摂関政治前夜まで、明と暗が交錯する歴史を碩学が一望する。文献史学による分析と、文学への深い理解とで、時代を生き生きと描く不朽の概説書。

2705
徳政令　中世の法と慣習
笠松宏至著（解説・小瀬玄士）

債権債務を破棄する法としてずば抜けて有名な「永仁の徳政令」。この法が列島を駆け巡ったとき、一体何が起こったのか。謎多き法の本質を鋭く見据え、十三世紀の社会を深くあざやかに描いた中世史不朽の名著！

天皇と日本史を問い直す、新視点の画期的シリーズ

学術文庫版

天皇の歴史 全10巻

【編集委員】大津透　河内祥輔　藤井譲治　藤田覚

① **神話から歴史へ**
大津 透

② **聖武天皇と仏都平城京**
吉川真司

③ **天皇と摂政・関白**
佐々木恵介

④ **天皇と中世の武家**
河内祥輔・新田一郎

⑤ **天皇と天下人**
藤井譲治

⑥ **江戸時代の天皇**
藤田 覚

⑦ **明治天皇の大日本帝国**
西川 誠

⑧ **昭和天皇と戦争の世紀**
加藤陽子

⑨ **天皇と宗教**
小倉慈司・山口輝臣

⑩ **天皇と芸能**
渡部泰明・阿部泰郎・鈴木健一・松澤克行